日本近世史研究と歴史教育

Takano Toshihiko

高埜利彦 編

山川出版社

はじめに

「歴史学研究の意義とは何ですか？」二十何年も前の、大学への進学相談会で、一人の女子高校生に問われて窮したことがある。不意を突かれて、剣道でいう「突きで一本」取られた格好であった。日頃から考えて頭の中を整理しておかないと、すぐには答えられない質問であった。そこで今、歴史学研究の意義について、考えていることを述べてみることにする。

歴史学研究の方法は、古文書や古記録などの紙に書かれた文献史料や木簡・金石文など木や石に記された文字資料など、そのほか発掘された遺構など、歴史的な文化資源を正しく解読することが前提となる。読みを誤ってはすべての土台が崩れる。この分野は科学的・技術的な進歩によって、例えば赤外線を用いて木簡に記された墨書が解析されるようになったことのように、資料解読の精度は増しつつある。

資料解読の専門家によって多くの資料集が刊行され、古文書の原文が読めない者にも活字史料集を利用することができる。いつ、どこで、誰が何をしたのかということなどを、一点一点の資料から解釈することになる。この一つ一つの解釈を統合することで、小さな個別の歴史像を創ることができる。例えていえば、一個の点と別の点と結ぶ線を引き、さらにまた別の点と線を結びつけることで、面を描くように。点が増えれば面は形を作る。

個別の歴史像は、ごく小さな史実である。正しい史料解釈によって生み出された小さな史実である。誤った史料解釈を行えば、それは史実とは言えない。では個別の歴史像は、先行する研究が作ってきた大きな歴史像のどこに位置づくのか、これが次の課題となる。先行研究の枠組みの中に矛盾なく位置づけられることもあれば、そうではなく矛盾することが判り、先行研究の枠組みを再検討する必要に迫られることもある。あるいは、先行研究のどこを探しても、関連する歴史像や枠組みが見つけられない、従来にない史実であることもある。こうして自分の創造した個別歴史像を、より大きな枠組みの中に位置づけたり、先行研究にはない新たな歴史像の提示を行ったりする。

論文を執筆することで、従来の研究に対する自分の歴史像が論理的に説明される必要があるのだが、言うまでもなく、その論理は他者によって論理の前提となる史料解釈の検証を受ける。論理が、根拠とする歴史資料によって客観的に証明されるという科学性を持たなければならないのだ。資料の解読に誤りがないか、解釈は妥当であるか、このことが客観的に検証されてその論理(歴史像)は学会の共有財産となる。

以上述べたことは、一般的な歴史学研究の姿である。しかしながらかつて一九三五(昭和十)年ころから勢いを持った「皇国史観」では、万世一系の天皇が国家統治する正当性は、天照大神から国譲りを受けたという天壌無窮の論理を前提とする。神武天皇が初代の天皇として統治して以来、万世一系であると説明しても、考古学の研究成果によって神武天皇の存在は否定される。科学的に証明できない神話を真実とすることはできない。真実を尊重することは、すべての学問に共通することで、実験データを捏造しては生命科学が成り立たないように、歴史学においても、真実に基づかない根拠では論理は成立しない。真実を尊重しない立場は、「歴史修正主義」と呼ばれ、ナチスによるホロコーストは存在しないとか、南京大虐殺はなかったとかの言説がまかれることがある。歴史学は改めて史実を前提にした学問でなくてはならない。

日本の今日につながる近代歴史学は、今からおよそ一三〇年前の一八八七(明治二十)年、ドイツの歴史学者であるルードウイッヒ＝リースが来日し、帝国大学に史学科や史学会という学会を創設したことから始まる。リースの歴史学は「史論に傾くことを批判し、史料の収集、史実の究明を重んずべきこと」を求めた。以後、史料編纂所や国史学科においてリースの「実証主義歴史学」は忠実に守られ、今日まで継承されてきた。

前述した歴史学研究の方法は文字通り実証主義歴史学である。史料の収集、史実の究明を重んずることである。ではリースのいう「史論に傾く」とはどういうことか。史論(歴史理論)から出発し、あるべき歴史像を想定し、それにふさわしい史料を探し求めるような順序で考える方法である。史論に都合の良い史料解釈がなされる危険性を孕むことになる。

歴史学研究は厳しい実証性が求められる中、歴史学研究者の不断の努力によって、歴史像が豊かに細部にわたり描かれるようになった。その成果は、学会活動を通して学術論文として発表され、出版社の努力により論文集(単行本)として刊行される。こうして歴史学研究者の間で研究成果が共有される。

歴史学研究者の目指す一つの到達点は、このようにして研究成果を共有し、歴史像を豊かに描くことにある。しかし、それだけに終わったのでは、歴史学研究の意義の説明のためには不十分である。それでは、学問のための学問を行っているだけの、学者の自己満足に過ぎないとの誹りは免れまい。歴史学研究の成果が、社会に、とりわけ次の世代に発信されなければならない。

歴史像が改められ豊かになったことが、社会に発信された事例を、日本近世史の中から示してみよう。かつて近世の対外関係は「鎖国」で長らく説明されてきた。「脱亜入欧」の明治政府の政策以来、中国・朝鮮・琉球・アイヌなどのアジアの国や民族を一段低く見て、ヨーロッパを目標に追いつこうとする価値観は、日本社会に広がっていた。

近代化が遅れた理由は、江戸時代に「鎖国」をしていたためであると、幕府ともども悪者にされてきた。西洋に価値を置く明治以降の価値観が、西洋との国を閉ざした「鎖国」によって損失を蒙ったと評価したのである。一九八〇年前後の研究成果は「鎖国」像をくつがえした。東アジアの中での日本の対外関係を、四つの口を通して開かれ、交流を持っていたことを明らかにし始めた。すなわち、対馬藩を介して朝鮮と、薩摩藩を介して琉球と、松前藩を介してアイヌと、長崎でオランダ商館と中国人と、異国・異民族との交流を持っていた実態が明らかにされた。朝鮮からは通信使という友好使節が来日したことも描かれた。

研究成果が反映され、教科書の叙述が改められたのには、さらに時間を要したが、現行教科書で、江戸時代の外交体制を四つの口で説明しないものはほとんどない。高校の先生方の授業を通して、江戸時代の外交体制(四つの口)が説明され続けたことで、ある世代を境にして、脱亜入欧を引きずる「鎖国」世代と、朝鮮通信使を学ぶ「四つの口」世代とに、歴史認識が分かれるのであろう。サッカーワールドカップがフランスで開催された一九九八年、日本・韓国ともに予選リーグ敗退であったが、日本の試合に予選グループの異なる韓国のサポーターが大挙日本の応援に駆け付けたニュースは、「鎖国」世代の私には驚きで、日本・韓国の「四つの口」世代には連帯が生まれていると思えた。

歴史学研究の成果は、教科書を通して、高校の先生方の指導によって伝えられ、次世代の歴史認識を形成する。学問のための学問ではない、研究者の自己満足ではない、教科書と先生方という回路を持つことで、社会に発信できることが、歴史学研究の意義であると、私は考えている。

本書は、歴史学研究と歴史教育とを結ぶための「北海道高等学校日本史教育研究会第四〇回大会記念シンポジウム　日本近世史研究と歴史教育」における講演・報告・質疑応答を一書にまとめたものである。歴史教育の現場で、この成果が広く共有されれば幸いなことである。

二〇一七年十二月

編者

日本近世史研究と歴史教育

目次

はじめに

第Ⅰ部　講演

第Ⅱ部　報告

報告―③

儒学・国学・洋学と近代化の関わり　川浪範洋　181

質疑応答のまとめ　見山智宣　199

日本近世史研究と歴史教育

第Ⅰ部　講演

講演―①

日本近世史研究と歴史教育――朝幕関係を中心に――

高埜利彦

はじめに

歴史教科書執筆者は、歴史学研究の成果を教科書叙述に反映させることで、研究と教育が結び付き、研究成果が次世代の歴史認識として継承されることを望んでいる。ところで、歴史学研究の意義とは何であろうか。また、研究のための学会の存在意義とは何であろうか、これらは不断に問いかけられて行かなければならない問いである。いくつも考えられるその解答の一つとして、歴史学研究の成果が次世代の歴史認識に反映され、より正確な歴史像を提供するところにあると考えることができよう。数多くの研究者によって学会を舞台に取り組まれる歴史学研究の成果を、次世代につなげる役割を果たすのが、歴史教科書である。歴史教科書に描かれた歴史像は現場の先生方を通して次の世代に伝えられるのである。

研究の成果はいち早く教科書に反映させたいと願うものの、研究の成果が通説として十分に定着する以前に教科書の叙述に反映させることには、慎重でなくてはならない面もある。かつて、考古学研究において新発見があったと新聞などでもセンセーショナルな記事になったことから、教科書叙述に新発見を書き加えたところ、その後で新発見が捏造であったことが発覚し、教科書を訂正することになるという事件があった。研究成果は一定の時間を経て定着する中で、確信をもって教科書に反映される必要がある。

このようにして歴史学研究の成果が教科書叙述に反映されるのだが、歴史教育の現場の先生方が、教科書がずいぶん書き換えられたようだが、執筆者の意図はどこにあるのか、その意図を知りたいと考えるのは当然のことであろう。教科書叙述の意図はどこにあるのか、執筆者と教育現場の先生方とが、真に接続する、連携することで教科書叙述の内容を確認することは重要になる。

しかしながら、現場の先生方が多忙であり、大学教員もまた「人文・社会科学不要論」という誤った文部科学省からの言説にさらされる中で、今回のシンポジウムは「真の高大接続」となるものとの自覚を持ちたい。「真の」というのは、教育内容つまり教育の中身をいかに共有化して次の世代に伝えていくことができるか、という趣旨である。

本報告は、研究の成果が近年教科書叙述に反映された近世朝幕関係を中心にして、教科書叙述の意図について具体的に述べるものである。まずは、その前提となる国内外の「平和」の到来から説明を始める。

1　明清交替と東アジアの秩序

ヨーロッパ勢力を「鎖国」と海禁で統御

十六世紀、東アジアにスペイン(イスパニア)・ポルトガルというヨーロッパ勢力が、さらに、遅れてイギリス・オランダの勢力が進出して来たことに対して、中国・朝鮮や日本などは海禁という形で、つまり国を開かないという形で対抗した。マカオや台湾のように、ヨーロッパ勢力に武力で侵略されたことはあったものの、日本と同じように国を閉ざした状態は保たれた。のちに日本では一八〇〇年を過ぎたころ、この国を閉ざした状態を「鎖国」と表現したのであった。この「鎖国」の状態は、寛永十八(一六四一)年に平戸にあったオランダ商館を長崎の出島に移し、長崎奉行の監視の下で交易が行われるようになり、整った。

ところで、ヨーロッパ勢力との関係以上に日本にとって大きな影響を与えたのが、中国大陸における明清動乱であった。

中国大陸の明清動乱

明朝から清朝への交替は動乱を伴った内乱であった。中国大陸の北方において一六一六年に女真族のヌルハチが後金を建国したが、以後、漢民族の政府である明朝を打倒すべく戦乱が起こった。折しも一六一六年は日本年号では元和二年で、大坂の陣が終結し徳川政権による幕府が安泰となった翌年のことである。興京（ホトアラ）を首都にして建国した後金は一六二五年に瀋陽を攻略し、さらに明軍を撃破して勢力を増し、国号を清と改め（一六三六年）、朝鮮にも攻め入り、明への攻撃を続けた。一六四四（正保元）年、明の首都北京を陥落させ清朝を樹立させた（図1）。

北京を追われた明朝の生き残りは、福王を立てて南京に、唐王が福州に、魯王や桂王も亡命政権を中国南部に樹立して抵抗を続けた。これら南明政権の一つ福州の唐王は、一六四五年使者を長崎に派遣して、三〇〇〇人の精兵と二〇〇〇領の堅甲の支援を幕府に願った（「日本乞師《きっし》」）。幕府には領土的野心から派兵すべしとの意見もあったが、これを抑えて、支援できない旨を伝え断った。翌年、唐王の後ろ盾となっていた海商の鄭芝龍《ていしりゅう》と息子鄭成功（図2）は使いを送り幕府に再度援兵を求めた。薩摩藩島津氏は琉球に清の勢力が及ぶことを警戒し、日本乞師に応える立場をとったが、幕府は援兵を拒んだ。

それから一〇年、明暦元（一六五五）年に島津氏は、清朝が琉球に冊封使を派遣するとの情報を得て、幕府に伺いを立てた。清船を追い払い、冊封や辮髪《べんぱつ》・筒袖など風俗（図3）の強制を拒否するか、その場合には清と戦端を開くことになるかもしれない、という伺いであった。徳川家光の死後、継承した四代将軍家綱はまだ若く、冊封使の派遣を受け入れるよう命じた。当時の家綱政権には、国家間の戦争をするだけの軍事指揮権を持ち合わせていなかったがため、「平和」を希求したものであろう。一六六二(寛文二)年、最後の南明政権桂王が清に滅ぼされ、台湾を拠点に抵抗していた鄭成功が没したことで、清朝は安定政権となった。その翌年、清の康熙帝《こうきてい》は琉球に冊封使を派遣し尚質を「琉球国中山王」に冊封した。ただし、辮髪などの習俗は強制されることはなく、従来の琉球の習俗は温存された。かくして琉球は、島津氏の支配を受けつつも清の冊封を受ける形での、二重の外交体制を保つことになる。このようにし

図1 ―17世紀中期の中国・朝鮮・日本

図3 ―清の風俗 右に立っている大人は辮髪を結い，筒袖の衣服を着ている。『清俗紀聞』冠礼の巻中(1799年刊)。国立公文書館蔵

図2 ―国姓爺《こくせんや》(鄭成功) 寛永元(1624)年生まれ，寛文2(1662)年没。近松門左衛門作の『国性爺合戦』では「和藤内」の名で活躍。中国国家博物館蔵／シーピーシー・フォト

て半世紀にわたって東アジアに影響を与えた中国大陸の明清動乱は終息し、日本を含む東アジア諸国に「平和」と安定をもたらすことになった。

朝鮮通信使

ところで、朝鮮は後金(清)によって攻め入られたと前述した。一六二七年が最初で「丁卯胡乱《ていぼうこらん》」と呼ばれる。朝鮮は明の冊封を受けており、かつて豊臣政権による文禄・慶長の役(一五九二・一五九七)で明の支援を受けたように、朝鮮は明を支援し清に抵抗する「援明抗清《えんみんこうしん》」の立場をとった。一六二七年に朝鮮軍は敗退したのち和議を結んだ。清は、明支援を続ける朝鮮に対し、一六三六年に臣従を迫ったが、朝鮮に拒まれたため一二万の軍勢を平壌に差し向けた(「丙子《へいし》胡乱」)(表1)。折しも、朝鮮は日本に向けて通信使を発遣した。

朝鮮から日本への使節は、表2のように、一回目から三回目までは「回答兼刷還使《かいとうけんさっかんし》」と呼ばれた。対馬藩によって用意された日本の国書(偽書)が朝鮮王朝にもたらされ、これに応える意味の「回答」と同時に、文禄・慶長の役で連行されていた捕虜を「刷還」(連れ帰る)するのを目的とした。朝鮮は日本に対する警戒感を、この三回の使節派遣を通して、緩めたこともあった。しかしそれ以上に、外交的に日本との関係を、信(よしみ)を通じる友好関係を深める必要に迫られていたのである。日本からの攻撃に備える朝鮮半島南部の警備を緩め、現実に迫った北方の清軍に対峙する軍備を強化する必要である。四回目の朝鮮使節(四七五人)が一六三六年に派遣され、通信使の役目を果たして釜山に戻った時、一二万人の清軍はすでに都(平壌)を陥落させ、朝鮮王は清朝に臣従の礼をとらされたあとであった。以後、朝鮮は清朝の冊封下に入る。

表１—17世紀前半の東アジア

西暦	東アジアの動き
1607	回答兼刷還使，帰国時に銃500挺を購入。
1616	女真族ヌルハチ，後金を建国。
1617	回答兼刷還使に銃・剣の購入を命ず。
1627	女真族，朝鮮へ侵入(丁卯胡乱)。
1636	後金，国名を清とす。再び朝鮮へ侵入(丙子胡乱)。
1637	朝鮮国王，清に降伏。属国となる。

表２—朝鮮から日本への使節

年代		総人員(大坂留)	使命	備考 ＊は朝鮮人捕虜の帰国人数
西暦	日本・朝鮮			
1607	慶長12・宣祖40	467	修好／回答兼刷還	国交回復　＊1240人
1617	元和３・光海君９	428(78)	大坂平定祝賀／回答兼刷還	伏見行礼　＊321人
1624	寛永元・仁祖２	300	家光襲職祝賀／回答兼刷還	＊146人
1636	寛永13・仁祖14	475	泰平祝賀	以降「通信使」と称す／日本国大君号制定／日光山遊覧　＊２人
1643	寛永20・仁祖21	462	家綱誕生祝賀／日光山致祭	東照社致祭　＊14人
1655	明暦元・孝宗６	488(103)	家綱襲職祝賀／日光山致祭	東照宮拝礼および大猷院致祭
1682	天和２・粛宗８	475(112)	綱吉襲職祝賀	
1711	正徳元・粛宗37	500(129)	家宣襲職祝賀	新井白石の改革
1719	享保４・粛宗45	475(109)	吉宗襲職祝賀	
1748	寛延元・英祖24	475(83)	家重襲職祝賀	
1764	明和元・英祖40	472(106)	家治襲職祝賀	
1811	文化８・純祖11	336	家斉襲職祝賀	対馬聘礼《へいれい》

冊封体制と「日本型華夷秩序」の併存

明朝に続き清朝でも、中国皇帝が周辺諸国王にその地位を封ずることで、外交秩序を形成する冊封体制が維持された。朝鮮は一六三六年に一二万の軍勢によって屈服されたあと、清朝に臣従したが、以後、燕行《えんこう》使《し》と呼ばれる使節を北京に派遣し、日清戦争まで続けられた。燕行使は一年に二〜三回の頻度で北京に遣わされたが、外交使節であると同時に、交易使節団の意味も持った。対馬藩との交易で得た日本の銀を北京に運び、中国産の絹織物・生糸など諸品を購入し、それらを釜山の倭館で対馬藩役人や商人たちに売りさばくという、性格も帯びた。

　これに対し日本への朝鮮使節は、前述のように一〜三回目の「回答兼刷還使」の性格は四回目の寛永十三(一六三六)年から変わり、「朝鮮通信使」と友好関係を求める外交儀礼となり、使節一行は交易などを行わず外交と文化交流に限られた。商業的な交易は、慶長十四(一六〇九)年の己酉約条《きゆうやくじょう》に基づき対馬藩が主体となり、釜山の倭館において行われた。

清の冊封が寛文三(一六六三)年琉球中山王に及んだことは前述した。琉球も北京に朝貢使節を送った。まず海路で福建に向かい琉球館に到着し、さらに陸路で北京に向かった。琉球からの朝貢使節は二年に一回の割合で北京に遣わされたが、朝貢貿易で得た生糸・薬種などの商品や琉球産の黒砂糖などは、薩摩国鹿児島にあった琉球館において薩摩藩と交易された。

琉球は寛永十一(一六三四)年から嘉永三(一八五〇)年までに、合わせて一八回の謝恩使と慶賀使を江戸幕府に派遣した。平均すると一二年に一回の割合で、清国風の装いで楽器を鳴らしながら江戸上りを行った。

朝鮮・琉球に主体をおき、北京の清朝と江戸幕府に対する外交関係を述べてきたが、次に日本を中心に見て明清交替の意味を捉えておこう。明清動乱の様子は長崎や対馬・薩摩を通してつぶさに伝えられた。それらの情報を幕府は収集し、林家《りんけ》に編纂させた。この編纂書に付けられたタイトルは『華夷変態《かいへんたい》』であった。漢民族である明朝の中華が、夷狄《いてき》である女真族の清朝に変態したと名付けたのである。中国は夷狄の王朝となり、もはや中華ではなくなった、という意識が生じ、代わって日本こそが中華であるという考え方(「日本型華夷意識」)が頭をもたげていった。朝鮮・琉球やオランダ商館から江戸幕府に使節が派遣され、アイヌからは松前藩にウイマムと呼ばれる献上儀礼がなされる、このような異国・異民族との対外秩序が形成されるに至った。この対外秩序を「日本型華夷秩序」と呼ぶ。

明清交替後、十七世紀後半から東アジアには、日本を視座の中心に据えた「日本型華夷秩序」と、清朝を中心に存在した冊封体制の、二つの外交秩序が併存することになった。朝鮮や琉球の事例のように、二つの外交秩序と付き合いながら、東アジアの外交体制は保たれていった。その外交体制は、一八〇〇年前後に新たに進出するロシア・イギリス・アメリカなどからの圧力が加えられるまで、およそ一世紀半の期間継続したことで、日本国内の「平和」と安定を外側から守る役割を果たした。

2 国内外の「平和」と政策転換

戦争を前提にした軍事政権からの転換

国内外の「平和」と安定がもたらされると、戦争を前提にした軍事優先の政策は、現実的ではなくなった。軍役《ぐんやく》を課しての大軍事演習の意味を持った将軍の上洛は、寛永十一(一六三四)年の三代将軍家光によるおよそ三〇万人の軍勢による入京が最後で、幕末の文久三(一八六三)年十四代将軍家茂まで行われなかった。同じく軍事演習の意味を持たされた日光社参は三代家光が慶安元(一六四八)年に自ら九回目の社参を挙行したあと、四代家綱は寛文三(一六六三)年に一度挙行しただけで、日光社参は中断した。将軍が軍事指揮権を振るい、大軍勢を率いて、武威を示す必要はなくなり、それに代わる大名統制の方法が考えられた。すなわち礼儀を重視し、上下の身分秩序を保つことを重視したのである。

そのことを具体的に示す最も象徴的な事例は、武家諸法度の第一条の改定である。元和元(一六一五)年の二代将軍秀忠以来、寛文三(一六六三)年四代将軍家綱まで、武家諸法度第一条は「文武弓馬の道、専ら相嗜むべき事」であった。これを天和三(一六八三)年五代将軍綱吉は、「文武忠孝を励まし、礼儀を正すべき事」と改めた。武士(大名)に求めたのは弓馬の道すなわち武道ではなく、父祖によく仕える孝と、忠義すなわち主君の家に真心を込めて奉公することとなった。忠義は、主君個人ではなく、主家に仕えることに注意を向ける必要がある。寛文三(一六六三)年、殉死の禁止が命じられて以来、主人が死んだならば追腹を切るのではなく跡取りの息子の大名に仕え、代々主人の家に奉公することが求められた。主家は主家であり続け、将軍家も将軍家であり続ける、という考え方である。これに加えて、礼儀を通した上下の身分秩序の維持が求められた。

価値観の転換

国内外の「平和」と安定という状況変化に対応できず、戦国以来の武に頼り、戦を待望して上昇を夢見る旗本奴などが、かぶき者として秩序に抗して乱暴を働くという状況を、徳川綱吉政権は看過しなかった。旗本奴などを処断する一方、より広範に社会全般の価値観の転換を図った。一つは仏教の放生の思想に基づくもので、殺生をいさめ生を放つ考えから、生類憐みの令を二十数年間出し続けた。二つは、死や血を穢れたものとして排除する服忌令《ぶっきれい》を出し続けた。

生類憐みの令の生類は、犬だけではなく、捨て子や行き倒れ人などの人間の弱者や、多くの動物が対象となる。敵将を殺して殊勲とする、殺し殺される戦場の論理は遠い昔のことと否定するために、生きものを慈しむ論理を、綱吉政権は徹底して社会に浸透させた。確かに行き過ぎて、庶民に迷惑をかけた面はある。生類憐みの令を否定的に捉える要素はあるのだが、これを悪法だとのみ評価してきたのには理由がある。太宰春台の著したとされる『三王外記《さんのうがいき》』によって、「将軍綱吉に子宝が恵まれなかったのは前世の殺生の報いである、子どもが欲しければ生類憐みを心掛け、とくに戊年生まれであるから犬を大事にするように、と護持院隆光から言われ、この法令を出した」と解釈されてきた。戦前の教科書も、戦後の教科書などもこの説を踏襲してきた。『三王外記』は八代将軍吉宗に仕えた太宰春台が、前三代の政権の治世を描いたものであり、前代を肯定的に捉えることはない。今日の歴史学では『三王外記』の枠組みを克服し、東アジア全体の平和と国内の安定により、社会の価値観を転換させるための政策として、生類憐みの令を評価することが重要である。

価値観の転換のために、生類憐みの令以上に社会に影響を与えたのが服忌令である。服忌の考え方は大宝令で制定されており、朝廷や公家社会、さらには神社世界に共有された価値観である。永正二(一五〇五)年、歌人で学者として名高い公卿の三条西実隆《さんじょうにしさねたか》は、屋敷内の下女が病気で助かる見込みがないと見るや、寒風甚だしい夜半に、戸外に下女を捨てさせた。その訳は、屋敷内に死者が出て、死の穢れが発生するのを避けたためであった。

朝廷や神社世界の価値観を、綱吉政権は武家の世界や職人など庶民の世界に、浸透させた。法令は、綱吉政権以後も八代将軍吉宗政権でも補正され、江戸時代を通して社会に浸透していったもので、現在も忌引きの制度や喪中はがきにその習慣は残っている。

死や血を穢れたものとして排除する服忌令は、近親者に死者があった場合に、穢れが発生し、その近親者との関係に応じて穢れの無くなるまで自宅謹慎する忌引きや喪に服する日数を定めた法令で、最も重いのは自分の父母が死んだ時である。忌が五〇日、服が一三カ月と規定された。服喪中は祭事や神事などは行えない。兄弟姉妹は何日、養父母は何日と事細かに規定されたが、例外的なものもあり、母の異なる異母兄弟はどうか、など問い合わせが幕府に寄せられ、何度も補正がなされた。血の穢れでは、お産の穢れが父は七日、母は三五日の触穢があるとされた。

今日、葬式参列後に清めの塩を体に振りかける習慣を残すように、綱吉政権が価値観の転換を図る政策の一つとして始めた服忌令は、社会に大きな影響を与えた。庶民生活において、例えば江戸の町の通りに犬や猫の死骸があれば、人々は早く片付けてもらいたいという心性を持つようになった。江戸であれば非人の力に頼るし、村で牛馬が死んだなら、かわたや長吏に処理をしてもらうように、清めの仕事が以前にも増して重要になった。しかし同時に清めを担う人々に対する穢れ感が付随することになる。幕藩領主は穢れ多いという文字の「穢多」という漢字を身分に付けて公文書に用いた。しかし、彼らは自ら「穢多」とは称さず、かわたや長吏と自称する。教科書で「穢多」と表記せず、「えた」と記すのは漢字に差別意識が含まれるからである。

綱吉政権による、生類憐みの令や服忌令を通した価値観の転換を進める政策の効果もあり、「平和」と安定の続く中、身分的な序列を儀式などの場で秩序化する傾向が強まっていく。このような状況の中で、天皇・朝廷の存在やその儀式を、幕府は身分秩序維持に活かすように転換した。幕府が朝廷儀礼の再興を認めたのはかかる理由からであった。これが戦前の三上参次氏の『尊皇論発達史』(冨山房、一九四一年)では、将軍綱吉が尊王だったから、という評価になるのだが、それは改めなくてはならない。綱吉政権による、朝廷儀式の再興を語る前に、まず、転換の前提となる初期の封じ込め策について見る必要がある。

3　朝幕関係――封じ込めから協調へ

幕府による封じ込め

天皇・朝廷統制策は徳川家康によって原型がつくられた。まず一つ目は法度による法制的な支配が考えられた。慶長十八(一六一三)年「公家衆法度」と「勅許紫衣法度」が発布される。「公家衆法度」は五カ条からなるが、重要なのは三カ条あり、第一条で公家衆は家々の学問に励むこと、第二条で行儀、法度に背く者は流罪に処すこと、第三条で昼夜の御番(禁裏小番)を老若ともに怠りなく勤めること、を命じた。とくに一条の公家の家業(家職)と三条の禁裏小番が公家の義務(役儀)であった。大名が知行を安堵されて将軍に奉公(主に軍役)するように、公家たちも将軍から家領(知行)を宛がわれ奉公を義務付けられた。公家の奉公は直接将軍に向けられるものではなく、家業と禁裏小番を勤め、天皇・朝廷の機能が十全に果たせるようにすることであった。将軍や幕府にとって、天皇・朝廷は統治権力の一部として組み込まれており、機能させる必要があったのである。

元和元(一六一五)年には「禁中並公家諸法度」が発布された。全一七カ条のうち第一条は天皇に対する行動規範である。幕府が天子(天皇)に命じたことは、学問・和歌・有職故実の三点であった。この学問とは『日本書紀』などで日本の歴史を学ぶようなことではなく、『貞観政要』など中国の古典から、統治のあり方を学ぶことが規定された。幕府が天皇の上位に立って規定するという位置関係に注目する必要がある。第二条以下で、摂家がなる関白（摂政）や三大臣は親王（天皇の兄弟）の上位に立ち、摂家と武家伝奏に従わない者は流罪に処すとした。朝廷統制の柱である摂家を重んじるよう条文が考慮されているが、したがって三公（三大臣）・摂関には五摂家の中で有能な者を選ぶようにし、養子も同姓から選ぶように命じた。第十三〜十七条は仏教に関する規定で、朝廷の構成員である門跡の格式や僧位・僧官や上人号について規定したほか、慶長十八（一六一三）年の勅許紫衣法度と同内容も繰り返された。幕府にとっては、仏教僧侶の統制は神社統制に先んじて重視されていたことが、五カ条を設けて規定した理由であろう。「禁中並公家諸法度」は幕末まで生き続け、天皇・朝廷を規制する。

幕府による天皇・朝廷統制策の二つ目の特徴は、二重の統制機構に見出せる（図4）。幕府から派遣された京都所司代などの武家による外側からの直接的な統制と、朝廷の内側からの摂家・武家伝奏・議奏に任せた間接的な統制である。幕府は五摂家（近衛・九条・二条・一条・鷹司）に最大の権限を与えた。世襲親王である伏見宮・京極宮（桂宮）・有栖川宮と、のちに創設された閑院宮も朝議に参加することを禁じた。親王門跡についても同様である。また公家の家格と序列が保たれ、摂家に準ずる清華家（久我・三条・西園寺・徳大寺・花山院など九家）が関白はもちろん左大臣になることは稀有で、ほぼ摂家が順送りで左大臣になった。摂家の権限は幕府からの法度によって法制的に確立していたが、その上に、公家たちは五摂家のどこかの家の家礼《けらい》となって、主家に従っていた。家礼になることで、有職故実を学び、官位を取り次いでもらったので、従わざるを得なかった。

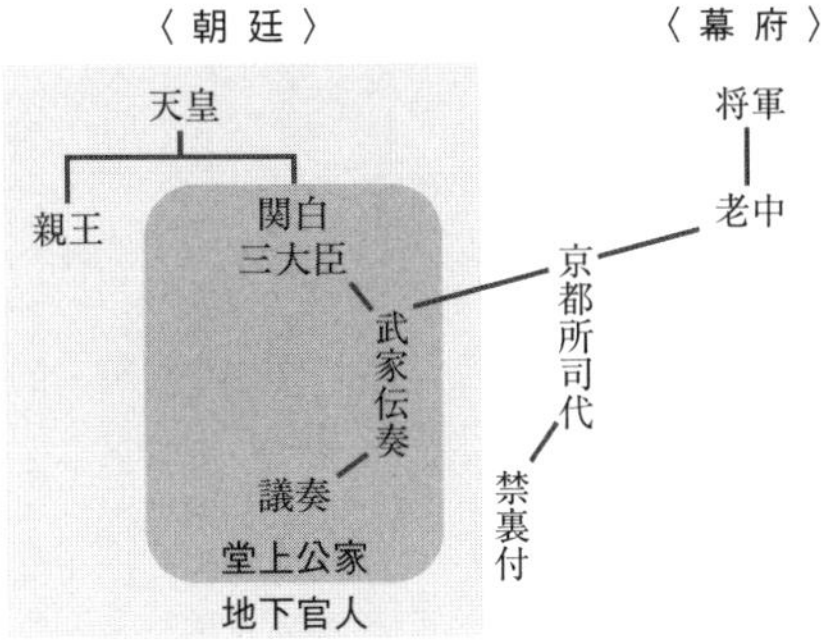

図4—朝廷の統制機構図

武家伝奏は、関白の下で細々と動いた。有能な公家が二人選ばれたが、任命されると武家伝奏は京都所司代の役宅に行き、血判の誓書を提出する。役目を忠実に果たすことを、所司代に対して誓約させられたのである。その代りに役料(五〇〇俵)が幕府から武家伝奏に与えられた。武家伝奏の役割は、①年頭勅使のように幕府との儀礼上の交渉役、②幕府からの触れの伝達役と逆に幕府への願書や伺いを届ける役割、③武家官位の執奏役、④朝廷の財政運営役、などが日常的なもので、このほかに非日常的な重大案件が発生すると、関白と合議を重ね、京都所司代と連絡を一層密にする。このような重要な役割を担う武家伝奏が機能しないと、幕府による朝廷統制は機能しなくなる。

議奏は、武家伝奏の役割が繁多になり二人では手におえなくなったために、それに加えて、天皇の御前の儀に関して行き届かなかったのを解消するために設置された。寛文三(一六六三)年に即位した霊元天皇に、四人の養育係を任命したのが出発で、のちに貞享三(一六八六)年に議奏の呼称とした。議奏は京都所司代の承認を受け、年一〇〇俵の役料を幕府から受けた。議奏からは武家伝奏に対して誓詞・血判を差し出したように、武家伝奏が上位者であった。

後水尾天皇譲位

幕府による天皇・朝廷統制策は法制・機構の両面から進められたことを述べた。しかし、それより以前に根本的に統制下におかなければならなかったことは、天皇を誰にするか、幕府の意向通りの人選を行うことであった。後水尾天皇は徳川家康の意向によって即位した天皇であった。天皇が生前に儲君《ちょくん》(皇太子)を定めておき、しかるべき時に譲位をする形は最も穏当なものであった。その逆に、天皇が突然の死を迎え、後継天皇が定まっていない時は、穏やかではない。その対極的な両者の間で、江戸時代の天皇は一四代継承された。幕府とすれば、人の生死は管理できない訳で、いずれにしても後継天皇を誰にするかを事前に知らされ、承認した上で決定されることが望まれた。寛永六(一六二九)年十一月八日、後水尾天皇は譲位し興子《おきこ》内親王が受禅した。実はこの皇位継承は江戸時代唯一の例外で、幕府の承認を受けずに突然に譲位したものであった。

　後水尾天皇はその年の五月七日に譲位の意向を示した。理由は「御うしろ数年いたませられ」(『孝亮宿禰《たかすけすくね》日次記《ひなみき》』)養生してきたが、腫物があり治療のために御灸などをしなければならず、それは在位中には行えないので、譲位するというものであった。譲位後の後継天皇は、興子内親王(女一宮)にすることから女帝となる。この内容は江戸の両御所(大御所秀忠と将軍家光)に五月十九日に届けられた。両御所からは八月二日に、時期尚早と回答された。ちなみに、紫衣事件に関して沢庵・玉室・単伝・東源らを配流する処分が下ったのは七月二十五日のことで、それ以前の五月七日の天皇の譲位の意思表明が紫衣事件に抗議してというのは当たらない。

　時期尚早の趣意を幕府が示したことから、天皇は賭けに出た。十一月八日に摂家以下公家たちに知らせず、唯一武家伝奏中院通村を例外にして、天皇は突然譲位を強行した。摂家以下公家たちの驚きよりもさらに、京都所司代板倉重宗は驚くとともに、これは言語道断のことであり、江戸に知らせそののち返事があるまで穏便にしているように、と命じた。知らせの無いまま、後水尾と側近は、もはや復位するほかあるまいと不安感を抱いたのち、江戸よりの回答は十二月二十七日に院御所に届けられた。その内容は、突然の譲位には驚いたことだが、譲位した以上は「叡慮次第」と容認された。奈良時代の称徳天皇以来八五九年ぶりの女帝明正天皇の誕生となった。幕府は、突然の譲位を事前に押しとどめることができなかった理由を、武家伝奏中院通村が機能しなかったことに求めた。寛永七(一六三〇)年九月、土井利勝・酒井忠世・板倉重宗・金地院崇伝は上洛し、武家伝奏中院通村を罷免させ、後任に武家との相性の良い日野資勝を任じさせた。さらに摂家たちにも厳しい言葉を伝え、禁中の政事が旨くいかなければ摂家の落度とするとして、改めて摂家に対して朝廷統制の要としての自覚を促した。以後幕末まで朝廷統制の枠組みは機能する。

表3—大嘗会の有無(15〜19世紀)

天皇	践祚・受禅	大嘗会
後土御門	1464(寛正5)年	1466(文正元)年
後柏原	1500(明応9)年	無
後奈良	1526(大永6)年	無
正親町	1557(弘治3)年	無
後陽成	1586(天正14)年	無
後水尾	1611(慶長16)年	無
明正	1629(寛永6)年	無
後光明	1643(寛永20)年	無
後西	1654(承応3)年	無
霊元	1663(寛文3)年	無
東山	1687(貞享4)年	1687(貞享4)年
中御門	1709(宝永6)年	無
桜町	1735(享保20)年	1738(元文3)年
桃園	1747(延享4)年	1748(寛延元)年
後桜町	1762(宝暦12)年	1764(明和元)年
後桃園	1770(明和7)年	1771(明和8)年
光格	1779(安永8)年	1787(天明7)年
仁孝	1817(文化14)年	1818(文政元)年
孝明	1846(弘化3)年	1848(嘉永元)年
明治	1867(慶応3)年	1871(明治4)年

朝儀の再興

幕府による天皇・朝廷統制の枠組みが確立した上で、明清交替後の国内外の「平和」と安定が続く中、身分秩序を重視する観点から、朝廷の儀式などを再興して、天皇・朝廷の持つ権威を幕府に協調させるように、幕府の政策は変化する。その代表が二二一年ぶりの大嘗会の再興である。後土御門天皇が文正元(一四六六)年に大嘗会を挙行して以来、後柏原天皇から霊元天皇までの九代の天皇は二二一年間大嘗会を挙行できなかった(表3)。つまりは応仁元(一四六七)年の応仁の乱から戦国時代にかけて、戦乱の続く京都にあって、朝廷は大嘗会という大きな儀式を執り行える状況にはなかったのである。しかし、江戸時代に入り幕府の下で朝廷が回復しても大嘗会を行わなかったのは、幕府と朝廷の双方にその意思がなかったためである。

霊元天皇は平安時代以来の、厳密には応仁の乱以前の朝廷儀式を再興させる、という朝廷復古を強く願う天皇であった。自ら譲位して皇子に受禅させ、その東山天皇即位時に大嘗会を挙行することを願い、再三幕府に交渉を重ねた。幕府側の条件、すなわち禊行幸を認めないことと、経費は特別に与えることはせず即位時の下行米の中で行うこと、を容れて実現を図った。幕府は、天皇が洛中に行幸することを、寛永三(一六二六)年に後水尾天皇が二条城に行幸して以来禁じており、大嘗祭の前の十月下旬に賀茂の河原に行幸して禊をする、大嘗祭に次ぐ壮重かつ盛大な儀式であった禊行幸を認めなかった。このような霊元天皇の妥協的な方針に対して、左大臣近衛基熙が禊行幸を行わない大嘗会の再興を「稀代の珍事」（『基煕公記』）と批判し、天皇に反対の態度をとったことは注目される。

かくして二二一年ぶりの大嘗会が貞享四（一六八七）年の東山天皇即位時に挙行された。霊元天皇の悲願が達成されたと見られもするが、幕府とすればこれを拒むことはできたわけで、それを容認したところに、幕府の儀礼重視の政策転換を見ることができる。元禄七（一六九四）年に勅祭である賀茂葵祭を一九二年ぶりに再興したことも同様である。譲位した霊元上皇は院政を敷いた。その手足となった武家伝奏の花山院定誠を幕府は排除し、関白には霊元の好む一条兼輝辞官のあと近衛基煕を就けて朝廷の運営をさせた。朝廷復古を目指し、幕府をないがしろにすることに価値をおく、霊元上皇や側近公家に対し、近衛基煕は「朝廷の御為のことはもちろん、大樹（将軍）様御為」を念じ（「近衛基煕口上覚書写」『大日本古文書　家わけ第三　伊達家文書五』）、幕府の下での朝廷を支える柱としての摂家の立場を貫くものであった。

霊元上皇と近衛基煕の対立

霊元天皇が、左大臣であった近衛基煕を越官して右大臣一条兼輝を関白に任官させたのは、近衛基煕との対立があったためである。摂家のあるべき姿を貫く近衛を遠ざけ、武家伝奏に側近の花山院定誠を任じて、霊元天皇の恣意を通す朝廷運営が続いたが、前述のように近衛基煕が関白に就くと、朝廷が幕府に対し何事も内慮を伺い、その承認を受ける態勢が貫かれた。

近衛基煕の権勢が続く中、息子の近衛家煕が宝永六（一七〇九）年に中御門天皇の摂政に補任される。中御門天皇即位時の大嘗会は、朝廷側から幕府に願い出ることなく、行われなかった。東山天皇即位時の二二一年ぶりの大嘗会再興に対し、これを批判して反対した近衛基煕と家煕の親子が勢力を持つ中では、朝廷から願い出る機運はなかったのである。では、霊元上皇はこの朝廷の姿をどのように思っていたのだろうか。

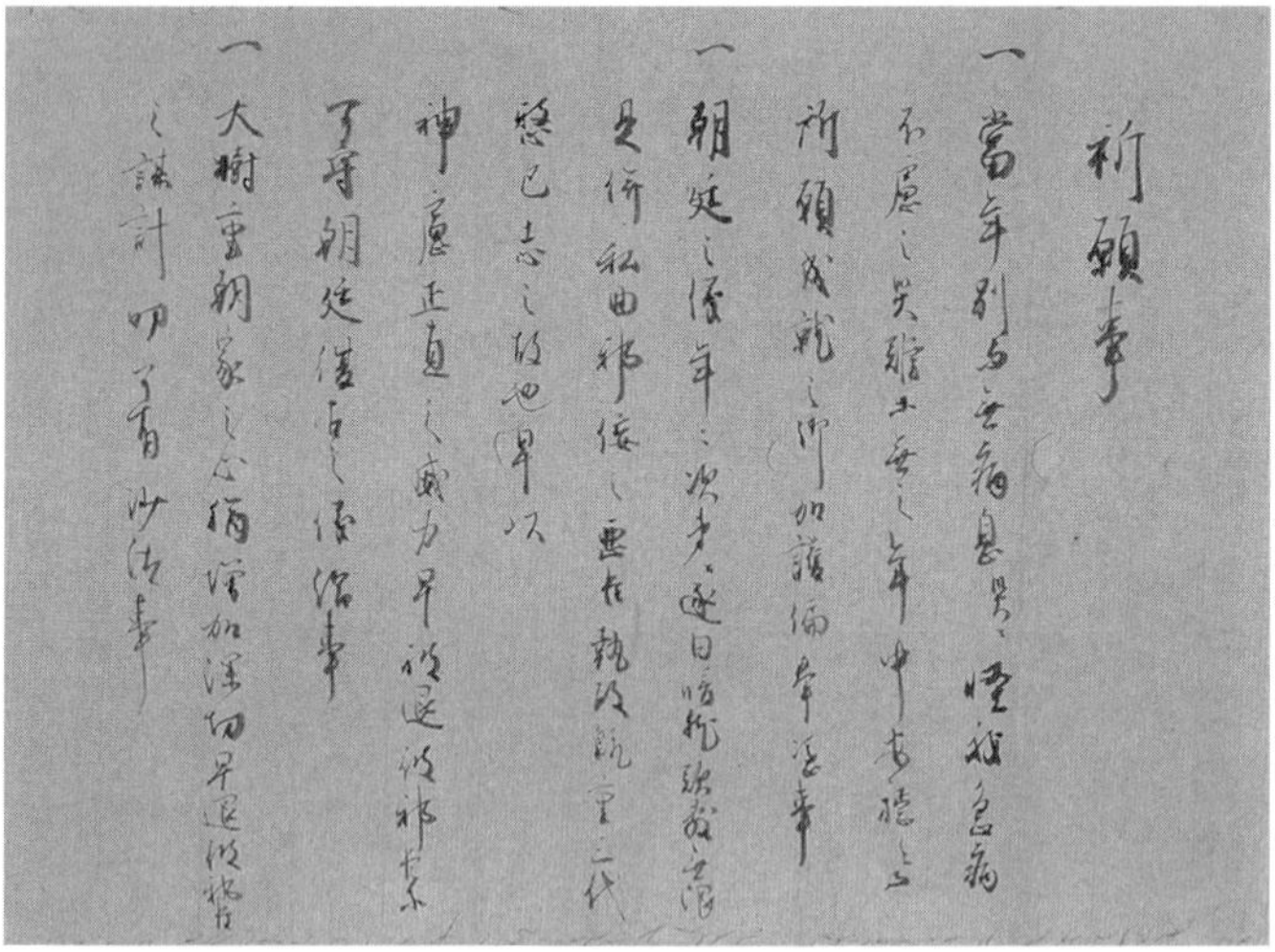

図5－霊元上皇祈願文　下御霊神社蔵／京都国立博物館写真提供

霊元上皇は京都下御霊神社に対する信仰がことに厚かった。上皇は神への祈願文を奉納したが、その三カ条の内容には驚く（図5）。一条目で無病息災を祈ったあと、二条目は「朝廷が暗然たる嘆かわしい状態になっているのは「私曲邪佞の悪臣」が執政となってすでに三代を重ね、恣意的な政治をするためである。早く神の力によって、かの邪臣などを退け、「朝廷復古」を守ることを願う」という内容である。「私曲邪佞の悪臣」とは近衛基熙を指している。この当時の近衛基熙の威力は、朝廷をほしいままにする状態にあったといえる。三条目では、将軍の朝廷を重んずる心が深まっており、早くかの邪臣の謀計を退ける沙汰があるように願うというもので、幕府をないがしろにすることに価値をおいた霊元上皇が、幕府以上に近衛基熙を排斥する気持ちを強く持っていたことが考えられる。

幕府は、六代徳川家宣・七代家継政権下で、近衛基熙を優遇し、朝幕協調した時期に当たっていた。その象徴的な行動として、前関白・太政大臣近衛基熙は将軍家宣に招かれ、江戸神田橋近くの、かつての館林藩主徳川綱吉の神田御殿に二年間余り滞在し、娘である将軍御台所熙子と将軍とともに浜御殿で遊興を楽しんだ。京都から太政大臣が江戸に長期間滞在することは空前絶後のことである。

また朝幕協調の政策としては、新井白石の進めた閑院宮創設が挙げられる。江戸に在った近衛基熙からの知らせによって、「東山院若宮、秀宮御方、親王家御取立、御領千石進らせらるべき事」(『兼香公記』)が伝えられた。閑院宮(一〇〇〇石)の創設である。この当時、伏見宮・京極宮(桂宮)・有栖川宮の三宮家が存在したが、これに閑院宮家を加えて四宮家とした。その際に幕府は、今回の宮家設立はあくまでも格別のことであり、のちのちの例にはならないことを朝廷に言明している。実際、幕末の文久三(一八六三)年に中川宮設立まで宮家の設立は見られない。

八代徳川吉宗政権と桜町天皇

享保の改革でよく知られる徳川吉宗政権は、まず権力機構を改変し御用取次の役職を新設し、将軍の意向が直接政策決定されるようにした。初期の課題は幕府の財政再建であった。出費を防ぎ収入を増やすための諸政策がとられた。増収を手っ取り早く進めるために上げ米の制を享保七(一七二二)年から始めた。諸大名に石高一万石につき一〇〇石の上納を命じ、代わりに参勤交代年限を半減するというもので、年間で一八万七〇〇〇石余が納められた。将軍からすれば臣下に頭を下げて金を借りるに等しく、大いに恥辱と感じていた。享保十五年に来年からの上げ米の制を停止すると命じられた。九年間として、上げ米は一六八万石余りになる。

財政再建の目途を立てた吉宗政権は、国家制度の充実を図る。『御定書百箇条』(寛保二年)や『御触書寛保集成』編纂などの制度充実のほかに、朝廷に対しても積極的な政策をとる。大嘗会のできなかった中御門天皇の皇子で、享保二十年に即位した桜町天皇の大嘗会が、将軍吉宗の側からの働き掛けで、元文三(一七三八)年に挙行された。元文五年からは、毎年行われる新嘗祭も再興され、ともに現在まで重要な国家祭祀(皇室祭祀)として継続していく。また、延享元(一七四四)年には豊前国宇佐宮と筑前国香椎宮の両宮に、天皇からの幣物を奉る勅使である奉幣使が発遣された。これは甲子革令に伴う朝廷行事で、桜町天皇と関白一条兼香の要望を幕府が容れて約四〇〇年ぶりに再興できたものであった。

吉宗政権末期に朝儀の再興が認められる中、延享三(一七四六)年、関白一条兼香は桜町天皇の譲位希望を幕府に伝えた。その理由として、それぞれ在位二〇年を超えた霊元・東山・中御門の三代に比べて、桜町天皇の代で行われた朝廷の儀式などの再興はすでに三代を超えている、これ以上在位しては神慮も恐れるゆえ譲位したい、という内容である。朝儀の再興は、幕府による丁寧な沙汰によるものと述べるように、この時期の朝幕協調した関係をよく物語っている。

桜町天皇の譲位は認められ、皇子(七歳)が即位して桃園天皇となり、桜町天皇同様の大嘗会を挙行した。以後もこの儀式が踏襲される。桜町は上皇となり幼い桃園天皇を補ったが、寛延三(一七五〇)年に上皇は死去、桃園天皇はまだ一〇歳であった。江戸では大御所吉宗が将軍家重を補っていたが、翌宝暦元(一七五一)年に吉宗も死去し、あとには病弱な将軍家重が残された。将軍も天皇も弱体の状態で宝暦期を迎えたのである。

4　尊号一件――朝幕関係の転機

宝暦事件

宝暦期になると、上に立つ人物の弱さが一因となって、組織の押さえが利かない状態となり、朝廷では上下の秩序が緩んだ。公家たちはまた、武家と同様に封建領主として年貢米収入に頼り、米を換金して生計を立てており、武家同様の財政窮乏に陥る者が多く、不満を抱く者が秩序に逆らったことも一因であった。具体的には、公家の義務の一つである禁裏小番を怠ける公家たちの存在に、摂家たちは頭を抱えていた。宿直をするにしても、三味線を弾くなど遊興をする者が見出された。このような宝暦期の状況の中で、摂家(関白・三公)・武家伝奏・議奏のつくる朝廷の秩序や統制を、公家や地下官人が乱すことが見られるようになり、宝暦事件が起こったのである。

宝暦事件は、かつての教科書では、例えば以前の『詳説日本史B 改訂版』(山川出版社、二〇〇六年文部科学省検定済)では、「十八世紀半ばに竹内式部は京都で公家たちに尊王論を説いて追放刑となり(宝暦事件)、さらに山県大弐は江戸で尊王論を説き、幕政の腐敗を攻撃したので死刑に処せられた(明和事件)。」のように、宝暦事件は明和事件とセットで、ともに尊王論が江戸幕府によって弾圧されたと、長年にわたり記述されてきた。次の『詳説日本史B』(山川出版社、二〇一二年文部科学省検定済)の記述では、「復古派の公家たちと竹内式部が、摂家によって処分される宝暦事件がおこった。」と記述される。

この記述の変化は、歴史学研究の成果を反映してのことである。長年続いた以前の宝暦事件の解釈は、三上参次『尊皇論発達史』のように、尊王論がいかに発達し、幕府によってどのように弾圧されたのか、という枠組みの中で、明和事件とセットで記述されたものが、教科書叙述にも反映され、戦後も引き続き踏襲されてきたものである。この理解は、天皇と公家たちによって構成される朝廷が一枚岩であって、幕府と対立することはあっても、朝廷内部に対立はあるはずがないという前提に立つためであろう。

前述したように、朝廷復古を志向する霊元天皇と公家たちは幕府によって抑え込まれたが、その動きは伏流して宝暦事件で顕在化した。徳大寺家に雇われた竹内式部の影響(垂加神道)を受けた徳大寺・坊城・西洞院らが、宝暦七(一七五七)年、桃園天皇(一七歳)に『日本書紀』神代巻(神書)を進講した。関白を始めとする摂家たちは、これが「禁中並公家諸法度」第一条に違反するとの認識から、天皇の神書講読を制止するよう求めた。いったん中止されたものの、少壮の公家たちは再開を求め、天皇も望んだため翌年再開された。この動きに対し摂家たちは、関白がひとたび命じた停止の命令に対し、中・下級公家たちが若い天皇を戴く形でなし崩しにするのは、謀反の志であると重大視した。朝廷統制の要である摂家によって、正親町三条公積や徳大寺公城など合わせて二七名の公家が処分された。処分に当たっての理由書には「主上へ御馴れそい申し候いて、朝廷の権をとり候趣意に候、関白以下一列、かつ伝奏、議奏などを軽んじ、法外失礼の儀」(『兼胤記』)と記された。天皇を戴いて朝廷の権を取る、少壮の公家二、三〇人による徒党・謀反の動きがあることをも認識した上での摂家たちによる弾圧であった。ただし最大の責任者は竹内式部で、その教え方が悪かったためであると重い処分を科して、公家たちの逃げ道をつくる形にした。それにしても二七人の処分者を出したほどの大事件を、京都所司代は事前に知らされなかった。事後承諾となったことに、京都所司代は摂家側に苦情を申し入れた。このことからも宝暦事件が幕府による弾圧ではなく、朝廷内の独自の事件と処分であったことが判る。

秘喪

桃園天皇が二二歳の若さで急死した。暑中の七月十二日のことであった。この時、儲君の英仁親王は五歳の幼児であったため、関白らは後継天皇に桃園の姉である智子内親王を考え、英仁親王の成長後に譲位させる案を持った。この案を江戸の幕府に伺い、諒承を受けて京都に戻るまで桃園天皇の喪を秘しておき、七月二十日に主上にもしもの事があれば姉が即位することを発した。翌二十一日「主上今暁寅刻崩御候事」が知らされた。後桜町女帝の誕生である。この九日間の秘喪は関白ら一部の者たちだけが知るもので、多くの公家は二十一日に天皇崩御を知らされ、その日の日記に悲嘆を綴っている。しかし秘密は洩れるもので、当時一九歳の正親町公明は「東夷の飛脚」(『公明卿記』)を待つために、あたかも御存生の如くに振舞ったことに、憤りを感じていた。

この関白のとった行動は、先例のあったことで、かつて承応三(一六五四)年に後光明天皇が二二歳の若さで死んだ時に、のちの霊元天皇は幼少であったため、すでに花町宮(高松宮二代)をついでいた皇弟が践祚して後西天皇となった。この事例が参考にされた。かくして後桜町天皇は予定通り譲位し、後桃園天皇も二二歳の若さで安永八(一七七九)年十月二十九日に死去した。残されたのは生後九カ月の女一宮であり、関白らは喪を秘して江戸幕府に伺いを立て、閑院宮典仁親王の六男祐宮(八歳)を後継天皇にすることの内諾を得て、十一月八日に発表し、光格天皇が即位した。

尊号一件

光格天皇の治世となって一〇年目の天明八(一七八八)年正月三日に京都は大火に見舞われた。禁裏・仙洞・女院の各御所は焼失し、二条城も例外ではなかった。老中松平定信は幕府の威光を高める好機と捉え、自ら禁裏造営総奉行に就任し、京都大火からの復興を推進した。寛政元(一七八九)年禁裏御所は上棟し、光格天皇は仮御所とした聖護院門跡から十一月に還御の行幸を行った。まだ仮御所にあった寛政元年二月、二人の武家伝奏(久我信通・万里小路政房)が京都所司代に次の要望をした。

一品宮(閑院宮典仁親王)は光格天皇の実父であるので、尊号(太上天皇号)宣下をあらせられたく、天皇は年来考えてきたが、大祀(大嘗祭)以前はこれを待ち、大嘗祭後の昨春、ご沙汰を考えたが、大火のために黙止された。この節も内裏造営以前は関東も御繁務中であり憚られたのだが、閑院宮は老年に及ばれているのに、このまま親王之列にあらせられることに、天皇の心は安んぜられないため、止むを得ずこの趣を所司代に申達すべき天皇のご沙汰である。

(『中山家記』)

この間の状況と要望がうまく盛り込まれた内容である。

「禁中並公家諸法度」第二条に「一、三公の下、親王」と規定されている。摂家などが就く太政大臣・左大臣・右大臣よりも親王は座順が下座におかれる。閑院宮典仁親王は光格天皇の実父でありながら、三公の下におかれる状態が生じる。このことに光格天皇は心を痛めていたので、これを解決する方法として、閑院宮典仁親王に太上天皇の尊号を宣下することで親王の列よりも上位におくことを考え、尊号宣下を要望したのである。

これに対し松平定信は、尊号宣下に反対した。理由は、天皇が譲位した時に太上天皇(上皇)になるのであって、天皇に在位したことのない親王が太上天皇になるのは無理がある、というものであった。松平定信は為政者としての能力を備えた人物であったが、同時に学者としての幅広い見識も兼ね備えていた。自ら歴史に先例を見出す能力を持ち、このたびの例外的な朝廷からの要望に対して、理の通らないこととして拒絶したのであった。

朝廷では、寛政三(一七九一)年八月二十日に幕府との連絡を密にした鷹司輔平が関白を辞し、代わって光格天皇と心の通じた一条輝良が任じられた。さらに武家伝奏には十一月二十三日に久我信通に代わって正親町公明が就いた。桃園天皇の喪を秘して江戸に使いを出した関白たちを、「東夷の飛脚を待つ」と批判的に日記に記した正親町公明である。朝廷の空気は一変し、幕府に対する尊号宣下要求は再び熱を帯びる。

寛政三(一七九一)年十二月天皇側は、参議以上の公卿四〇名に、尊号宣下賛成か反対かの個人意見を表明させた。踏絵を踏ませるような場面で、反対を唱えるのは強い意志が必要であったと思われるが、前関白鷹司輔平とその息子政熙だけが反対、保留は前武家伝奏久我信通と冷泉・庭田の三名で、残りの三五名は尊号宣下に賛成した。この結果をもって朝廷は幕府に伝え、尊号宣下の要求をした。幕初以来、朝議(朝廷の意思決定)は関白・三公(三大臣)・武家伝奏と議奏が加わり、一〇〜一一名の者たちによって決定され、そのほかの堂上公家は参画しない慣行であった。この慣行を破り群議によって意思を通そうとした朝廷に対し、幕府は回答を与えずにいたところ、朝廷側は寛政四年九月に至り、幕府の回答に関わらず十一月に尊号宣下を強行するとの方針を固めた。この点でも朝幕関係の原則は破られた。従来は朝廷からの重要な要請は、桃園天皇の秘喪の際にもそうしたように、事前に伺いを立てて幕府の同意を得てから実施された。それを同意が得られる前に、尊号宣下を行うというのである。

幕府、松平定信は寛政四(一七九二)年十月四日に尊号宣下不許可を命じた。あわせて朝廷の動きの首謀者と見なされた中山愛親(議奏)と正親町公明(武家伝奏)の両名を江戸に召喚し、尋問を行った。武家伝奏と議奏という、本来幕府側の立場から朝廷統制の務めを果たすべき立場の者が、こともあろうことか朝廷統制の原則を破る首謀者になったのであるから、江戸への召喚は当然であった。公家たちは一般に、遠く離れた江戸に畏怖の念を抱くことが多かったが、その上に尋問を受けることになったのである。その結果、寛政五年三月に処分がなされた。中山愛親は、門を閉ざして昼夜の出入りを禁じる「閉門」一〇〇日間、正親町公明は、白昼の出入りを禁じる「逼塞」五〇日間、万里小路政房(武家伝奏)は出仕を禁じ自宅謹慎する「差控」三〇日間、広橋伊光(議奏)は二〇日間の「差控」、勧修寺・甘露寺・千種(議奏)は「屹度相心得」と、武家伝奏・議奏の全員が幕府によって処分された。

いわゆる「尊号一件」とは、光格天皇の実父である閑院宮典仁親王に太上天皇(上皇)の尊号宣下を望む天皇を戴き、「復古派」の中山愛親や正親町公明らが、幕府による朝廷統制策の原則を、群議や内慮伺いを否定するなどの行動に出た大きな抵抗運動であった。松平定信は、これに対して力の弾圧を加えた。こののち幕末に至るまで、幕府による朝廷統制の枠組みは継続するが、その下で「復古派」勢力は着実に拡大し深化していく。

おわりに

「四つの口」と呼ばれた、日本からみた東アジアにおける外交秩序の外側に、ロシア・イギリス・アメリカが接近し、対外的な危機感が幕府のみならず、民衆の間にも広がった。レザノフ来航(文化元〈一八〇四〉年)後の、ロシア軍艦による蝦夷地襲撃事件は、江戸時代初の外国からの攻撃であった。危機感は広まった。例えば小林一茶や、富士講の小谷三志が、「蝦夷地」の静謐を願う言葉を残している。その後のイギリス軍艦フェートン号の長崎湾内侵入(文化五年）などでも、幕府権力の統治能力に不安が見られたことで、江戸幕府に代わる権威が求められるようになる。

こうした危機感とは別に、元来、社会の各層は、他者より上の権威を身にまといたい、という心性を隠し持っている。天皇・朝廷や公家・門跡などとのつながりを求め、自身の身分上昇を図ろうとする気運が、江戸時代後期になると増していった。この動向を、財政窮乏に陥っていた公家たちは捕まえ、免許状やお墨付きを与えて収入増加を求めたことから、社会の中で天皇・朝廷の権威は浮上していった。

こうして幕末維新期に向けて朝廷権威は浮上し続け、ついに朝幕関係は逆転し、やがて「王政復古」の大号令となる。ところで、「朝廷復古」の言葉は、霊元天皇の願文に見られ、その後も「朝廷復古」を求める公家勢力の動向が宝暦事件や尊号一件などで時々顕在化したように、「朝廷復古」の意味は、平安時代から室町時代まで存在し戦国時代に断絶した朝廷儀式や慣行を、再興させようとするスローガンとして用いられた。これに対して「王政復古」は神武創業の始めにもとづきとの文言の通り、平安時代を否定し、それ以前の天皇親政の行われた律令時代の復古でなくてはならなかった。なぜなら平安時代以降、江戸時代までの朝廷の枠組みは共通しており、幕府もろともに関白も武家伝奏も否定するため神武創業の始めにもどす「王政復古」の大号令としたのであった。

本報告では、教科書の叙述の意図を簡略に説明することを第一に考えたため、史料を引用し解釈する方式の論文ではなく、概論に近い形をとった。子細な史料に基づく論証は、以下の参考図書をご覧いただきたい。

参考図書

高埜利彦『近世の朝廷と宗教』（吉川弘文館、二〇一四年）
高埜利彦『江戸幕府と朝廷』（日本史リブレット36、山川出版社、二〇〇一年）

講演―②

周縁から都市と身分を考える

吉田伸之

はじめに

山川出版社の教科書『詳説日本史Ｂ』(二〇一二年文部科学省検定済、二〇一六年発行)の第六章「四　幕藩社会の構造」では、幾つかの節に分けて近世の身分に関する記述がある。そこで叙述した身分、あるいは身分的周縁とはどのようなものかについて、近世の都市社会から具体的な事例を取り上げて少し考えてみたい。

ここでは、私が研究のフィールドとしてきた江戸について、都市全般をのっぺらぼうなものとして扱うのではなくて、特に幕末期江戸のあるポイント、これを部分社会と呼んでいるが、そうした事例を一つ取り上げ、その社会の様子を少し細かく見ながら、江戸の社会だけではなく、近世社会における身分とか、あるいは身分的周縁(1)というものについて、具体的な例と共に述べることができればと考える。

主に扱うのは、江戸市中西部にあたる四谷地区の、ある一つの町である(図1参照)。それは四谷塩町一丁目(現、新宿区本塩町付近)という町であるが、この町の社会がどのように成り立っているのか、史料に即して見てゆきたい。そして、そこに凝縮する様々な職業、あるいは身分的な存在を見ながら、近世都市社会の性格を考え、最後に身分とは何かについて少し触れることにしたい。

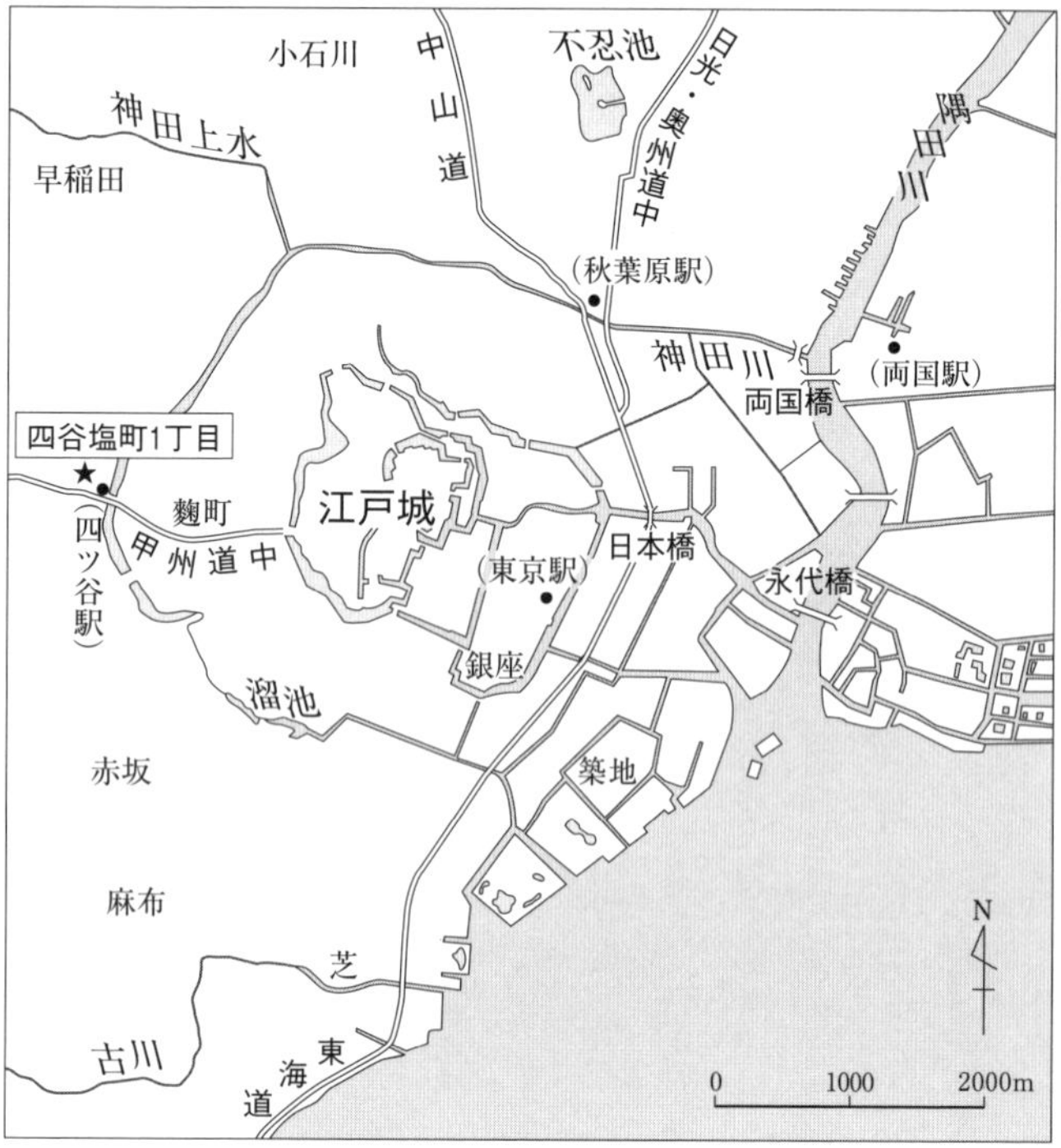

図１―四谷塩町１丁目の位置

1　四谷塩町一丁目の地域特性

最初に図２（嘉永三〈一八五〇〉年、尾張屋版江戸切絵図「千駄ヶ谷・鮫ヶ橋・四ッ谷繪図」）を見てみよう。これは江戸城西側の四谷御門から西は内藤新宿、北は市谷谷町、南は千駄ヶ谷あたりを描く図である。江戸城の周りは御堀で囲まれるが、その一部である神田川から溜池の方にぐるりと外堀ラインが延びる。この外堀の分水嶺にあたるのが四谷御門であり、北に向かう御堀は神田川へ、また南の御堀は溜池から芝口へと至る。ここから外側、西部に広がるのが「四谷地帯」である。「地帯」というのは、とりあえずは複数の地域を含む広域のことである。地域とは、まずもって町《ちょう》や村《むら》のような小社会に限定して用いるべきと考えるためである。[2]

切絵図には、図の右上にあるように「合印《あわせいん》」すなわち凡例が記される。白抜き部分は武家地である。「御紋」は大名の上屋敷、■は大名の中屋敷、●は同じく下屋敷を示す。その外は旗本・御家人の屋敷地や組屋敷である。原図で赤く描かれるのは「神社仏閣」すなわち寺社地、また「道路并橋」は黄色である。そして「町家」は鼠色でその位置が示される。これらの色分けは、江戸という巨大な城下町の社会や空間が、身分ごとに区分され分節される有り様をよく示すものとなっている。

甲州街道は、四谷御門を出て西へ麹町十一丁目に入り、続く十二丁目の角を南に下がる。ここを「大横丁」と呼ぶ。この辺りは、江戸の西部で最も繁華な地域であった。ここから四谷伝馬町一丁目に至り西に曲がり、さらに四谷大木戸を経て、小高い丘陵の上をまっすぐ内藤新宿へと向かう。その間に、麹町十三丁目・四谷伝馬町新一丁目・伝馬町二丁目・三丁目・忍町・四谷塩町二丁目・三丁目と続き、四谷大木戸を挟んで甲州街道「初宿」である内藤新宿に至り、多摩郡から甲斐・信濃などへと繋がる。こうして四谷塩町三丁目が四谷地区のはずれ、つまり江戸の西端にあたり、四谷大木戸が、江戸の外縁にある内藤新宿との境界をなしている。ここで取り上げる四谷塩町一丁目は、甲州街道からやや北にずれ、麹町十一丁目の北隣にある。

四谷地区の町人地で注目されるのが、微高地上に連なる甲州街道南側の谷沿いに広がる、鮫ヶ橋と呼ばれる一帯である。ここには、元鮫ヶ橋谷丁・表丁・仲丁・北丁・南丁などが、小寺院や小規模な旗本屋敷地の間、谷間の低地を埋めるように分布する。この鮫ヶ橋の一帯は、近世の時期から都市の下層民が数多く集住するところとして認識されていたが、明治以降になると、下谷万年町、芝新網町とともに、東京の三大貧民窟の一つとされていく地帯である。(3)つまり四谷の町人地は、丘陵上を通る甲州街道沿いの比較的裕福な町域と、その対極として、南側に分布する寺町域の下、低地部分に広がる分厚い下層社会の存在とが併存する、という構造になっている。

この周辺では目立った大名上屋敷はそれほど多く存在しない。この切絵図で描かれる範囲で見ると、四谷地区ではないが、まず尾張家・紀伊家の上屋敷が目に入る。また、四谷御門近くの堀端にある松平宮内大輔（出雲広瀬、三万石）や甲州街道の北側奥に見える松平摂津守（尾張家支藩の美濃高須藩、三万石）の上屋敷が存在する程度である。一方で小規模な旗本屋敷が数多く密集し、また「御持組」「御先手組」「小役人」など、御家人層の拝領組屋敷地が分厚く展開することが注目できよう。こうして四谷の地帯特性として、ここでも身分ごとに居住空間が分節されているこ

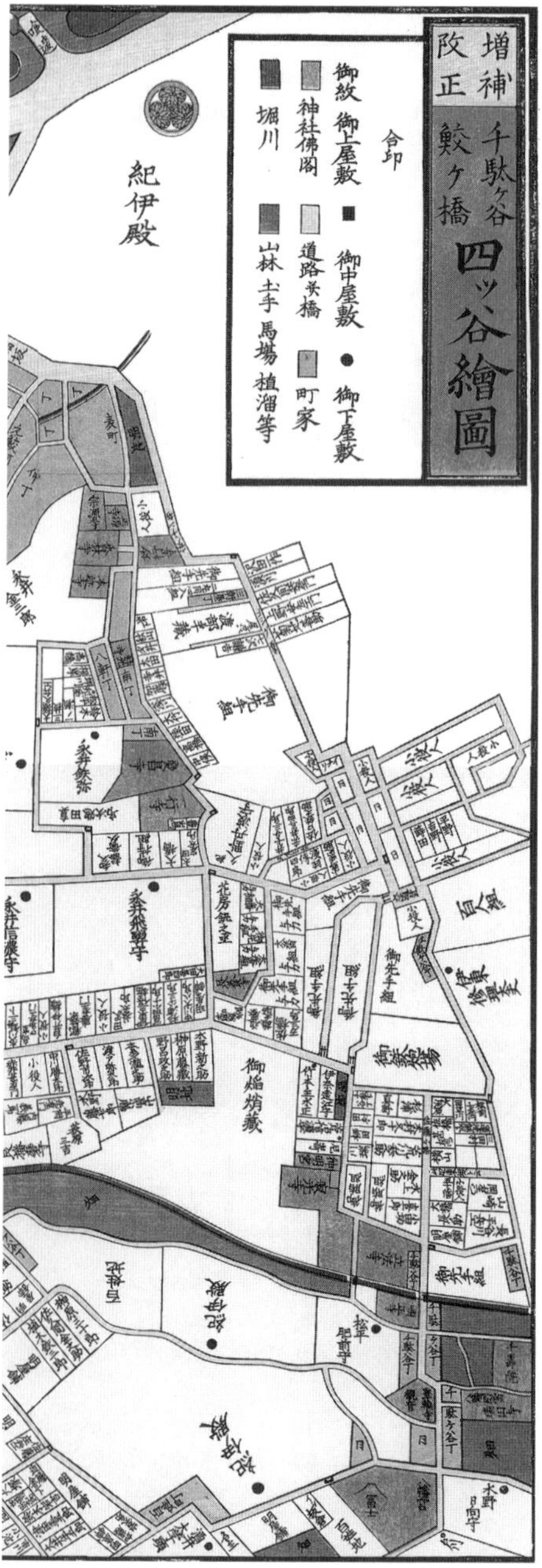

図2―嘉永三（一八五〇）年、尾張屋版江戸切絵図「千駄ヶ谷・鮫ヶ橋・四ッ谷繪図」

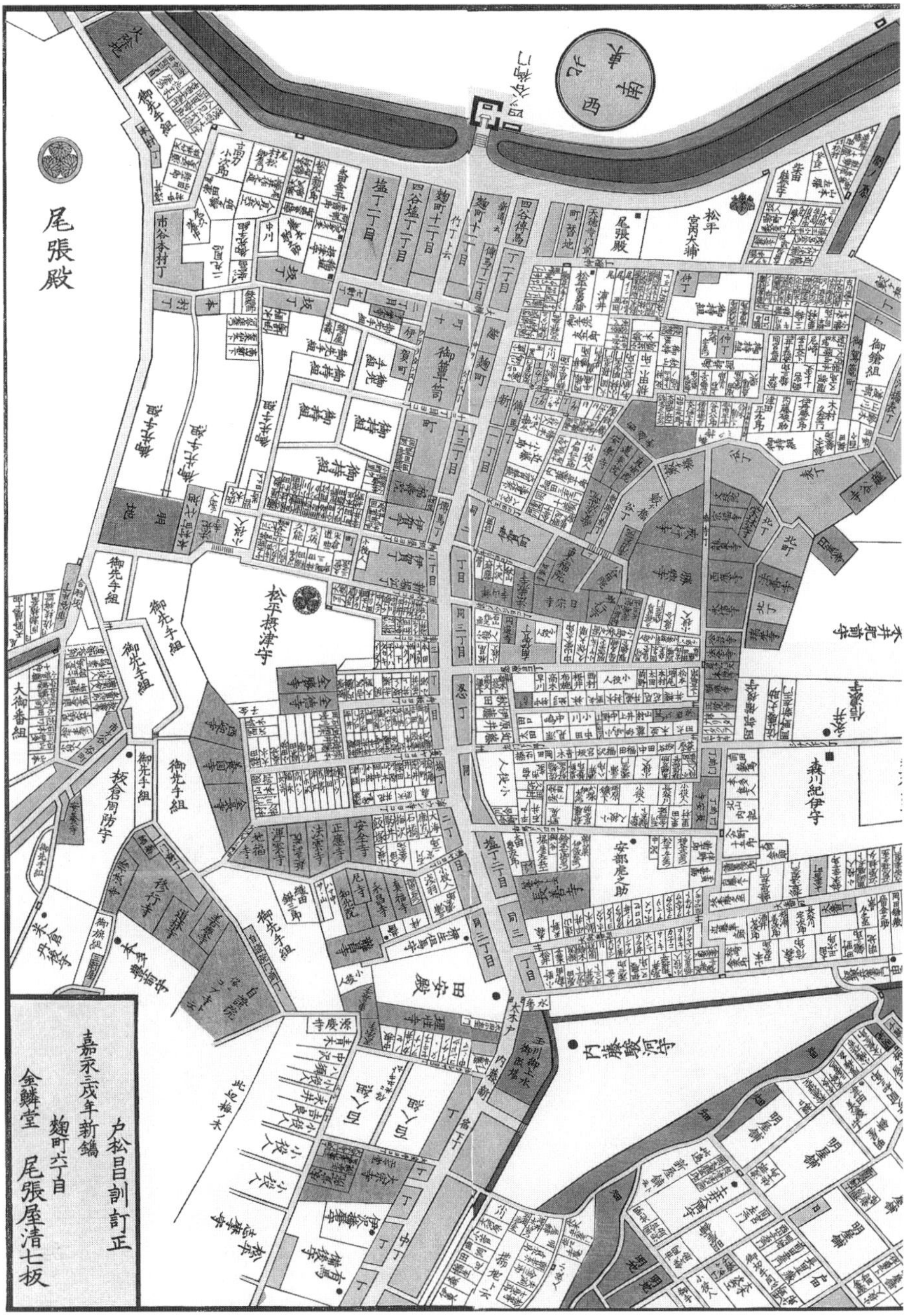
戸松昌訓訂正
嘉永三戌年新鐫
麹町六丁目
金鱗堂　尾張屋清七板
尾張殿
松平摂津守
田安殿
森川紀伊守
安部虎之助
松平宮内大輔
御先手組
大御番組
御鐵炮組

とを確認できるが、これらは相互に相当複雑に入り組むかたちとなっている点に注意しておきたい。

四谷地区やその周辺について、まだ本格的に研究したことはないが、社会を秩序付けるような、この地帯の中心となる存在―大名屋敷や大寺社、あるいは大商人や市場など―は何かが気になる。注目されるのは、甲州街道に沿った、麴町から内藤新宿に至る線状に展開する町人地の特質である。大横丁の賑わい、四谷伝馬町などの陸送ターミナル機能、品川・板橋・千住とならぶ「四宿」の一つ、内藤新宿における「疑似遊廓社会」、また高須藩上屋敷や密集する旗本屋敷・組屋敷などの武家地の特質を検討することで、この地帯の秩序構造と、それをかたちづくる要因とを今後見ていければと考えている。

以上大まかに、四谷の地帯特性について触れてみた。続いて、四谷塩町一丁目という個別町の事例を取り上げ、そこに見られる部分社会の構造を見ていきたい。

町の構造

図1・2で見たように、四谷塩町一丁目は現在の地下鉄四ツ谷駅から外堀を越えてすぐのところに位置する。東は外堀に面し、南隣りは麴町十一丁目、西は道を隔てて麴町十二丁目と市谷七軒町に接する。また北側は、旗本などの武家地に隣り合う。甲州道中からは若干離れているが、四谷における町屋がほぼ線として展開する中で、この界隈の一画だけは、小規模であるが面としての広がりを持つ。

四谷塩町一丁目には町の文書が相当数残されている。近世後期の江戸には一六〇〇以上の町―個別町―が存在した。かつての村々に残された文書―地方文書―は、現在も各地で大量に確認されているが、こうした地方文書に比べ、江戸(東京)における個別町の文書はあまり残されていない。こうした中で、四谷塩町一丁目文書は稀な例であるといえる。その伝来の事情はまだ把握できていないが、法制史研究の泰斗石井良助氏のコレクションが遺族によって江戸東京博物館に一括して売られ、その中に含まれていたということである。同文書は現在同博物館の所蔵で、その主要部分が活字に翻刻されている(『江戸東京博物館史料叢書』一〜八巻)。今回はほとんどがこの翻刻史料によるが、それ以外にも多くの史料が残されており、マイクロフィルムで閲覧可能である。

この四谷塩町一丁目文書について注目すべきことは、隣接する麴町十二丁目も町の文書を残したことである。これは新宿歴史博物館所蔵の荒井谷《あらいや》野口家文書である。分量はそれほど多くはないが、近世の終わりから明治期にかけての貴重な個別町の文書である。(4) こうして、四谷の中心部一帯の様子については、幕末・維新期を中心にかなりリアルに明らかにできるのである。

図3は内務省地理局「東京五千分壱実測図」の内、四谷地区の部分である。これは明治二十(一八八七)年の出版であり、実測は明治十年代半ばと見られる。当時の東京を精緻に実測して作成した、五〇〇〇分一のスケールの非常に精緻な地図である。図2でみた切絵図とほぼ同じ部分を対照すると、四谷御門の跡、甲州街道、そして周辺の街区が屋敷一筆ごとに地番を付して描かれていることがわかる。四谷塩町一丁目を見ると、旧来の両側町の北側にあった旗本屋敷なども塩町一丁目に組み込まれていることが見て取れよう。地番を見ると、四谷塩町一丁目は旧旗本屋敷地を含めて三四番地までに及ぶが、旧町域に限定すると、南側が一番地から十一番地、北側が十二番地から二十一番地の、計二一筆となる。つまり、旧町域は、二一の小さな土地片—これを町屋敷と呼ぶ—によって構成されたことがわかる。

次に図4を見てみたい。これは「東京六大区沽券図」(東京都公文書館蔵)という図で、明治三・四(一八七〇・七一)年当時の東京の各地区ごとに、屋敷地一筆ごとの地主名、土地面積、地価(沽券高)を記載する。これで旧四谷塩町一丁目の部分を、図3の「東京五千分壱実測図」と照らし合わせてみると、一番から二十一番とほぼ同じように描かれているということが見て取れる。表1は図4に記載される地主名をまとめたものである。

図5とそのキャプションは、山川出版社『詳説日本史B』に掲載した「町と町屋敷の模式図」であるが、四谷塩町

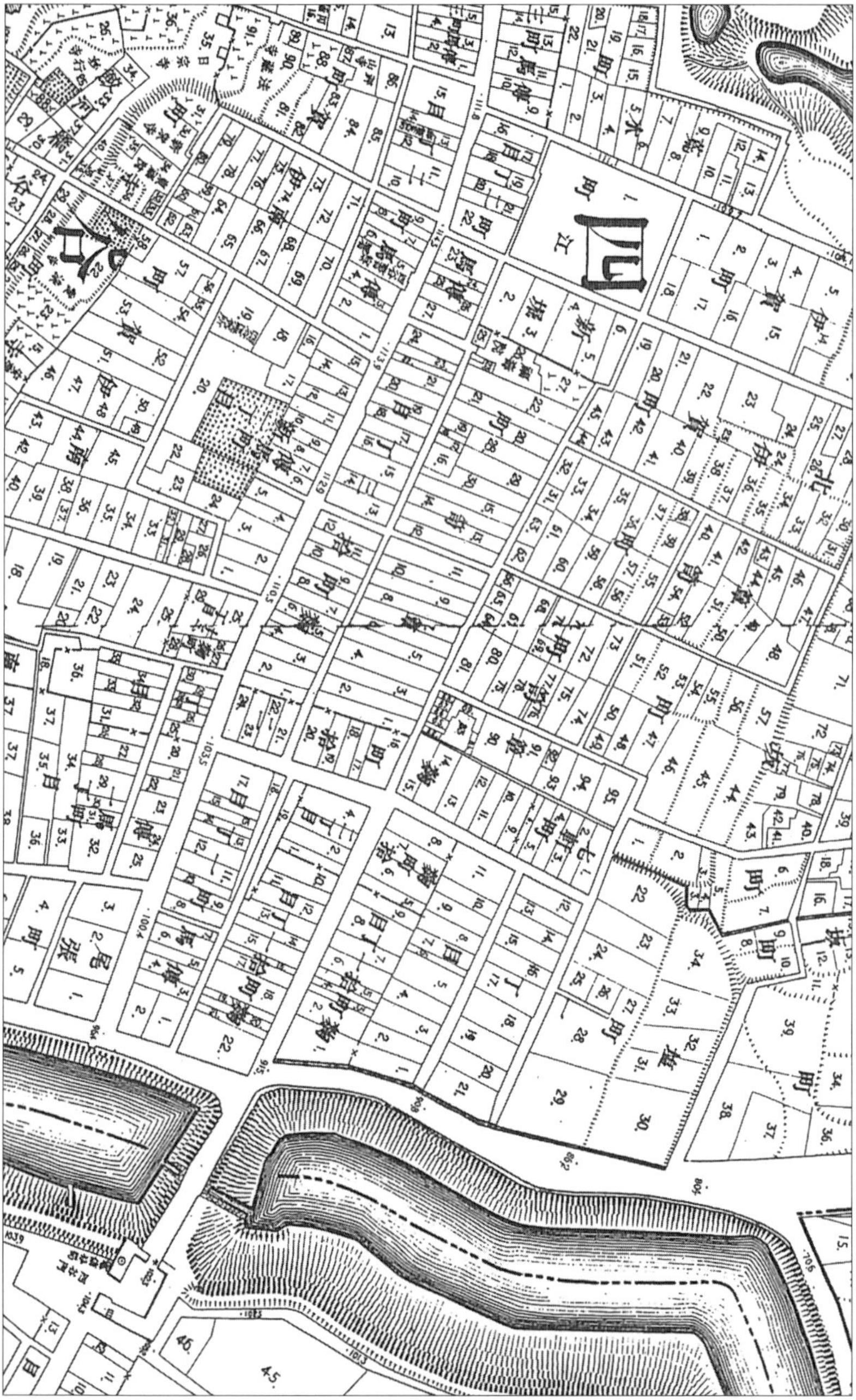

図3—「東京五千分壱実測図」の四ツ谷付近（明治10年代半ば）　国立国会図書館蔵

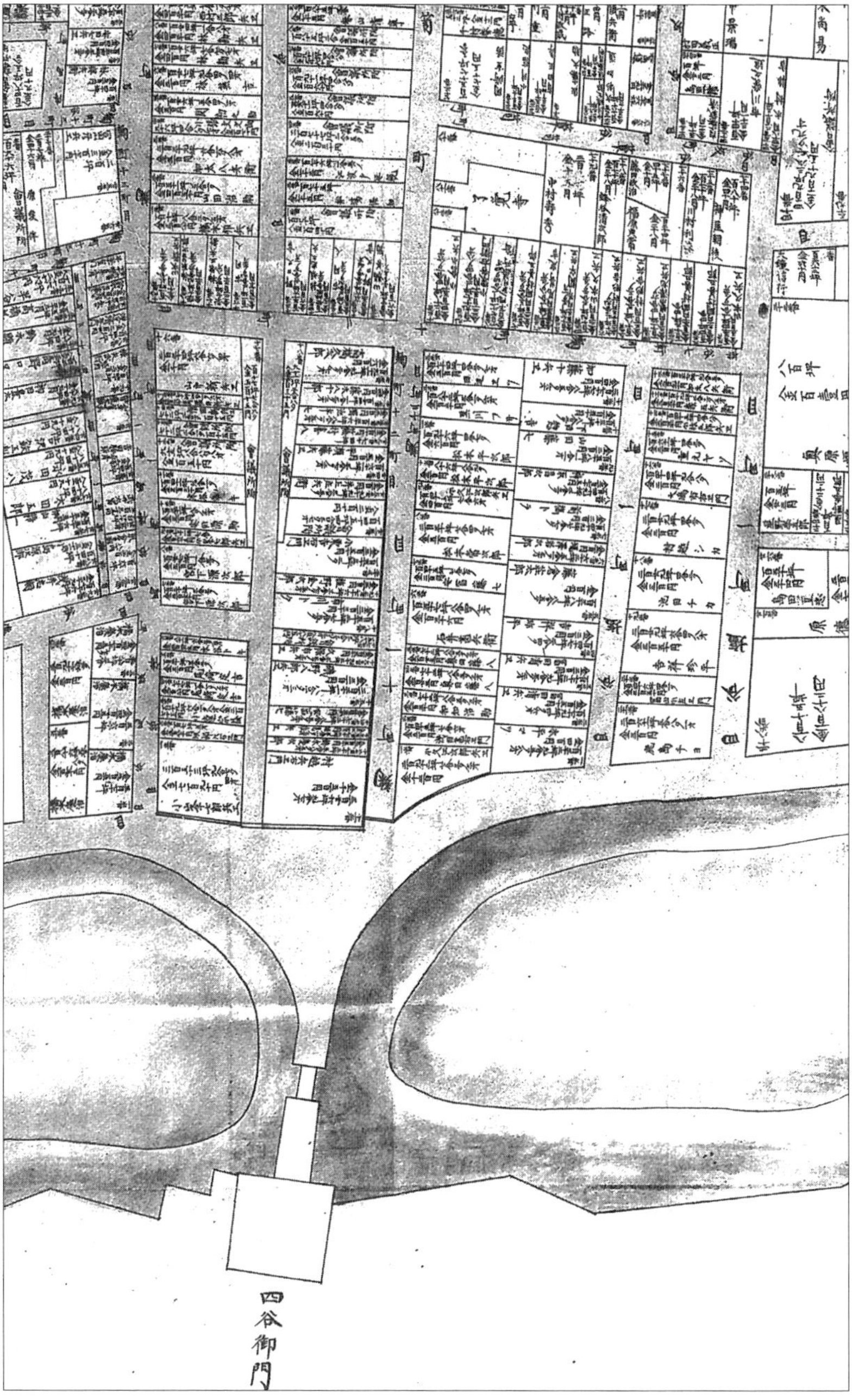

図4—「東京六大区沽券図」の四ツ谷付近（明治3・4年）　東京都公文書館蔵

一丁目の構造は、図5に示した町のモデルと酷似しており、町という社会・空間がどのようなものかを考える上で、同町は一つの典型的な事例であることが窺える[5]。

表1―四谷塩町1丁目の「東京六大区沽券図」データ

	番地	地主名	土地面積 坪	沽券高 円	明治3年人別帳＊1	間口＊2 間(京間)
南側東角	1	木平マツ	132.958	400		
	2	冨田清兵衛	179.460	150	小道具渡世	
	3	冨田清兵衛	172.932	200		
	4	吉祥珍平	147.240	200		
	5	藤倉荘太郎	138.850	100		
	6	堰ヵ澤岩次郎	62.513	100		
	7	前橋トラ	149.770	200		
	8	神取昌次郎	149.230	175		
	9	山田藤七	158.110	200	小切渡世	5.175
	10	下田惣吉	130.820	150		
西角	11	加藤十兵衛	277.856	400		
北側西角	12	加太八兵衛	137.950	230		
	13	森五兵衛	119.235	250	味噌舂米渡世	4.515
	14	小林五郎兵衛	145.480	200	大工職	
	15	重元ヤソ	161.430	200		
	16	大嶋市右衛門	144.980	200	舂米渡世	
	17	村越シカ	229.420	200		
	18	池田チカ	229.430	300		
	19	吉祥珍平	229.684	350		
	20	富山小左衛門	146.410	250	伊勢屋	
東角	21	鹿島チヨ	261.581	300		10.12

＊1：いずれも「地主町人」　＊2：町方書上による

図5―町と町屋敷の模式図

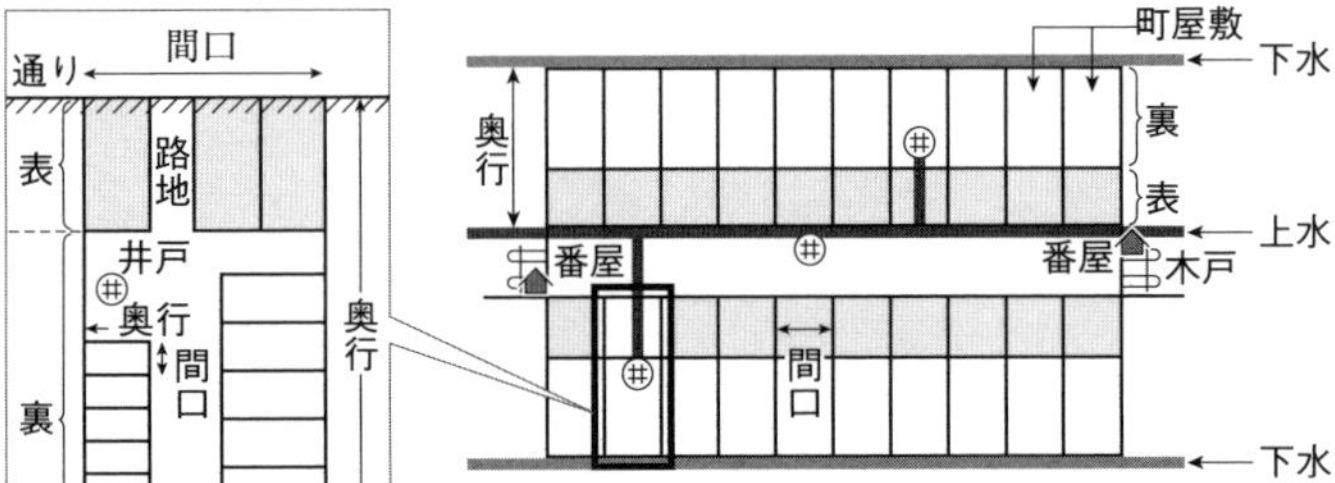

上図は，長さ1町(60間〈約108m〉)ほどの通りを，奥行20間の家並みが両側から挟む町を示す。この町は，計20カ所の町屋敷で構成され，左図は町屋敷の内部構造を示す。通りに面する表店はおもに商売の場で，路地を裏に入ると，井戸や雪隠(便所)とともに長屋が並ぶ。ここは裏店と呼ばれる居住空間である。裏店は，間口9尺，奥行2間(3坪〈9.72m^2〉)という零細なものも多い。

町の成立

次に、『御府内備考』という史料から、四谷塩町一丁目に関する記述を少し見ておこう。この『御府内備考』は、文政十（一八二七）年に江戸市中の町々―中心部の町々は含まず―から町奉行所に提出された「町方書上」（旧幕府引継書）をもとに編纂されたもので、各町の歴史や現状などを簡潔に記述するものである。以下は、四谷塩町一丁目についての始めの部分（現代語訳）である。

当町のはじまりについて。この辺りはかつて「四ツ屋の原」と呼ばれ、一面の原野でした。その後、（元和年間に）四谷御門ができるまで空き地のままでした。大伝馬町の名主馬込勘解由と佐久間善八は、御入国（家康の江戸入り）以来、昼夜を限ることなく江戸と諸国との人馬交通について貢献し、特に寛永十四（一六三七）年の島原一揆に際して人馬動員に尽力したことから、翌十五年に、ご褒美として、四谷御門外の空き地に「大縄七四〇間」分（間口間数の合計七四〇間分を一括して）の土地を拝領しました。引き渡された地所はすぐに町屋として開発し、これを分割（地割り）して（重い伝馬役負担をしてきた）大伝馬町の家持たちに与えました。この時、大伝馬塩町にもこれに準じて与えられ、（その結果）四谷塩町が成立しました。間口五間の屋鋪を与えられた家持は、一カ月馬一疋宛の役馬を勤めました。その後、家持らは困窮したため地所を売渡し、沽券町屋敷（売買可能な一般の町屋敷）となりましたが、今も家持たちは大伝馬町に対して助馬《すけうま》役を勤めています。

四谷界隈では元和年間（一六一五～一六二四年）に外堀が整備され、四谷御門が建設されており、そこにすでに存在していた麴町十一丁目から十三丁目は西側に強制的に移転され、それに続いて近隣の甲州道中沿いの空き地一帯の開発が、四谷伝馬町や塩町を軸に進められていった。これは、島原の乱に際して物資運搬に大きく貢献したということで、大伝馬町の二人の名主、馬込勘解由と佐久間善八の「出精」に対する褒美として、四谷の地に大伝馬町の下町―従属的な地位にある町―という位置付けで四谷伝馬町三町、また大伝馬塩町の下町として塩町三町が与えられたとさ

表2 ―「人別書上」による四谷塩町1丁目の「人口」と竈数

年	月	人数	男	女	竈数	出家男	出家女	名主
安政4(1857)	(4)	871	450	421	280	34	−	茂八郎 孫右衛門
文久1(1861)	4	801	411	390	215			〃
	9	743	386	357	192			〃
文久2(1862)	4	653	333	320	155			〃
	9	576	295	281	−			〃
文久3(1863)	4	583	301	282	141			〃
	9	570	311	259	131			〃
…								
元治2(1865)	4	585	296	289	138			孫右衛門
		580	296	284	−			
…								
慶應3(1867)	4	611	303	308	154			〃
		603	302	301	151			
…								24番組
明治2(1869)	4	632	328	304	161			中年寄　深野長兵衛 添年寄　島田次右衛門
明治3(1870)	3	575	−	−	141			〃

れる。またこの時に、もう一つの江戸の伝馬町である南伝馬町三町の下町として、赤坂にも赤坂伝馬町が同時に与えられている。

四谷伝馬町・塩町の地には、大伝馬町で家持として重い伝馬役を負担してきた町人に屋敷地が割り当てられる。その後、家持らの困窮に伴い、当初の地主は入れ替わったが、大伝馬町が担う伝馬役負担への補助(助役)は変わることなく勤めた、とされる。

2　四谷塩町一丁目文書と「人別書上」

人別書上

四谷塩町一丁目文書の中には、安政四(一八五七)年から明治三(一八七〇)年にかけて、八冊の「人別書上」(人別帳)が残され、すべて翻刻されている。江戸の町に残された人別帳の史料は、現在までに十数町分くらいしか確認できず、それらのほとんどは一冊限りのものである。四谷塩町一丁目のように、十数年にわたり人別帳が存在するのは貴重である。これにより、幕末・維新期の限られた時期ではあるが、一つの町内で居住者の構成や移動を詳細に追うことが可能となる。

それぞれの人別帳末尾には、当年における町内の人数、その男女別、それから竈数《かまど》(戸数)の書上があり、それぞれ前年から何戸減ったか、何戸増えたかが記載される。表2はこれをまとめたものである。安政四(一八五七)年には、竈数二八〇、人数八七一人で男がやや多い。この時期の人数がピークで、文久三(一八六三)年までの間に三〇〇人近くも減り、六〇〇人を切っている。竈数は減り方がもっと激しく、ピークの二八〇戸が半分以下に激減している。人数よりも竈数の減る割合が大きいということは、一人暮らし・二人暮らしという、零細な裏店層がより多く減ったことを示唆している。

ただし、こうした町内人口急減の原因は今のところよくわからない。この時期には、安政二(一八五五)年十月に大地震があり、また安政五年夏にはコレラが大流行するなど、災害や流行病などが繰り返し発生し、また開港による影響で社会や経済が激動したことにもよると見られるが、詳細は未検討である。

さて、江戸における「町」の平均的な規模はどの程度であろうか。江戸町方の人口は近世後期でほぼ五〇万人ほどである。町の数は、例えば嘉永六(一八五三)年では一六三七なので、一町当たりの単純平均は三〇〇人余となる。しかし、この町数には片側町や、非常に小さな門前町、小規模な代地町―元地から移転を強いられ、移転先の代替地に作られた町―も多く含まれるので、図5のような両側町では、一町四〇〇人ぐらいというのが妥当な数値かと推定している。これは、十七世紀末以降、六万三〇〇〇ほど存在した近世の村々一村あたりの人口(およそ四〇〇人前後)と、奇しくもほぼ一致する。これらを念頭におくと、四谷塩町一丁目は規模の大きな町であったことになる。

町中と店

こうした町を末端で管理・統制するのは家守《やもり》(家主、大家とも)である。家守というのは地主に雇用され、地主当人

表3—慶応3(1867)年4月「人別書上」に見る珍平店の構成

家主		珍平	所持地面住居
	(職)	(名)	(出身)
地借・除	鳶人足	市太郎	御当地
店(店借)	小間物渡世	銀次郎	御当地
店	日雇稼	清吉	越後蒲原郡栗生村
店・除	日雇稼	弥助	御当地
弥助同居	日雇稼	長助	下総香取郡飯塚村
店	鍛冶職	清吉	越後頸城郡高田
店・除	桶職	佐太郎	御当地
店	人宿	辰五郎	御当地
店	鞘師	伊之助	御当地
店	料理人	佐吉	尾張中島郡須谷村
店	大工職	鉄五郎	尾張愛知郡古渡村
店・除	日雇稼	金太郎	御当地
店	日雇稼	嘉蔵	尾張愛知郡熱田宿
店	紙売	伊勢松	相模大住郡土屋村
店	日雇稼	文次郎	足立郡土手家村
店・除	日雇稼	弥助	御当地
店	渋売	鉄五郎	御当地
店・除	賃仕事	忠七後家つや	御当地
地借	羅呉服	嘉七	美濃各務郡河野村

が本来町人として勤めるべき役割—それは幕府への役負担であったり、町内の自治的な運営であったりする—、これらを公的に代行する者である。町という共同体は町中《ちょうじゅう》と呼ばれる町人たちの自治団体によって運営されるが、日々の用務を担い、また不在地主の役割を代替するのが家守である。これら家守は月交替に二人宛、月行事《がちぎょうじ》として、町内の自身番屋を拠点に、町中の運営を担った。

家守は一方で、雇用主である地主が所有する町屋敷の支配を委託された。家守は地主に代わって当の町屋敷、すなわち店《たな》を管理・運営した。大半の町屋敷には、借地人である地借や、借家人である店借が居住するが、こうした地借・店借から、地代や家賃を取り立てるのである(図5参照)。店と呼ばれる町屋敷に居住する地借や店借たちは、店衆《たなしゅう》と総称される。店衆のいろいろな契約に際してその身元を保証し、家守は、事件やトラブルなどで訴訟に立ち会うとか、あるいは困窮に瀕した場合に幕府に救済を訴え出るなど、あたかも一家の長のような役割を担った。こうして店はいわば擬制的な家となり、家守はその家長、また店衆は子—店子《たなこ》—に擬せられるわけである。四谷塩町一丁目には二一の町屋敷があるが、以下に見るように、町内の人別帳には、こうした家守が支配する店ごとに、その構成員を竈、つまり戸を単位として構成メンバーが書き上げられている。

例として、慶応三(一八六七)年四月の「人別書上」の三筆目の記載、家守珍平が支配する店を、表3に見てみよう。

この時、家守珍平が管理する町屋敷には、一八戸もの地借・店借が存在した。最初に記載されるのは家守珍平である。その箇所には「此者儀は所持地面住居、当店人別相除申候」とある。珍平本人はここで家守を勤めるが、町内の他の町屋敷(一八筆目)を所有し、そこで家持の大工職として暮らしている。次に地借で鳶人足の市太郎とその家族—とはいっても二〇才の弟一人だけだが—が記載される。市太郎は「生国御当地」とあり江戸の生まれ、この年二六歳である。檀那寺は浄土宗の市谷安養寺で、ここに地借として入った時の身元保証人、すなわち地請人は、四谷御箪笥町五人組持店福太郎とある。その次の小間物渡世銀次郎は一人暮らしの二二歳。そこには「同店」とあるが、これは店借であると考えられる。店借には、通りに面した表店借と、裏側の長屋などが存在する裏店借に分かれるが、人別帳ではその区別がされていない。

珍平が家守として差配する店の構造はどのような特質を持つのか。まず人別帳には職業が詳細に記載される。それから地借・店借の区別がある。また戸主とその家族構成がわかる。全構成員それぞれの年齢、生国・出身地と檀那寺、さらには移動・変動についての記述がある。転入や転出のほか、死亡とか、「欠落《かけおち》」すなわち町内から出奔してしまった場合の記載が見える。例えば日雇稼弥助(表3、下から4行目)の場合「慶応四辰年六月七日、四谷伊賀町喜三郎店江引渡申候」などとあって、近隣の他町へと転出したことがわかる。

注目されるのは後家である。「人別書上」の中には、後家で「賃仕事」を職業とする例がたくさん出てくる。例えば、五筆目の平三郎店に次のような例がみられる。

　　　　　　　　　　　　死失勇次郎娘(ママ)㊞
　一生国御当地　　　　　賃仕事　　　り　う
　　禅宗四谷長全寺(ママ)　　　　　　　　　卯三十八才
　　店請人　四谷新壱徳兵衛店幸蔵

	文久3(1863)		元治2(1865)		慶応3(1867)		明治2(1869)	
		18		17		18		22
→		珍平；藤七店住居		珍平；藤七店住居		珍平・所持地面住居		珍平；藤七店住居
→		鳶人足・市太郎		鳶人足・市太郎		鳶人足・市太郎×		
→		小間物渡世・銀次郎		小間物渡世・銀次郎		小間物渡世・銀次郎×		
→	地借	日雇稼・清吉		日雇稼・清吉		日雇稼・清吉		日雇稼・清吉
→	地借	日雇稼・弥助		日雇稼・弥助		日雇稼・弥助▲後家きち		賃仕事・きち
→		桶職・佐太郎	地借	桶職・佐太郎		桶職・佐太郎×		
→		賃仕事・ます						
→		竹皮渡世・松之助		竹皮渡世・松之助				
→		古道具渡世・忠兵衛×						
→		髪結職・兼吉		髪結職・兼吉				
→		鍛冶職・清吉×		鍛冶職・清吉		鍛冶職・清吉		
→		人宿・辰五郎		人宿・辰五郎		人宿・辰五郎		
→		鞘師・伊之助		鞘師・伊之助		鞘師・伊之助		鞘師・伊之助×
→		料理人・佐吉		料理人・佐吉		料理人・佐吉		
→		小間物売・清蔵						
→		大工職・鉄五郎		大工職・鉄五郎		大工職・鉄五郎		
→		日雇稼・金太郎		日雇稼・金太郎		日雇稼・金太郎×		
	店	○家根職・宇之助						
	佐吉同居	○日雇稼・為吉						
	店	○栄吉						
			店	○日雇稼・長助				
			店	大工職・与市				
			店	○紙渡世・伊勢松		紙売・伊勢松		
			店	○一・嘉蔵		日雇稼・嘉蔵		賃仕事・三河屋嘉蔵後家きの
					店	日雇稼・文次郎		
					店	日雇稼・弥助×		
					弥助同居	日雇稼・長助		
					店	渋売・鉄五郎		渋塗師・尾張屋鉄太郎×
					店	賃仕事・つや×		
					地借	○羅呉服渡世・嘉七		羅呉服渡世・嘉七
							店	荒物渡世・鉄次郎
							店	古道具渡世・久藏×
							店	日雇稼・みのや林左衛門
							店	籠渡世・竹次郎×
							店	大工職・安五郎
							店	左官職・金次郎×
							店	日雇稼・尾張屋利八
							店	鳶日雇・市太郎
							店	賃仕事・もん×
							店	小切渡世・吉のや利助
							店	日雇稼・和泉屋佐市(辰4月～)
							店	○賃仕事・ちよ
							ちよ同居	蕎麦手間取・吉兵衛
							店	艾渡世・高カ氏元家中・重兵衛×
							店	○餅菓子渡世・録三郎×
							店	○籐細工・鈴木屋市太郎
							店	○一・吉兵衛

表 4 ―珍平店の動向

安政 4 (1857)		文久元(1861)		文久 2 (1862)		
店衆軒数	20		17		18	
家主	珍平：藤七店住居		珍平：藤七店住居		珍平：藤七店住居	→
地借	鳶人足・市五郎		鳶人足・市五郎		鳶人足・市太郎(市五郎倅)	→
店	大工職・喜兵衛		大工職・喜兵衛			
店	小間物渡世・源助		小間物渡世・源助		小間物渡世・銀次郎(源助倅)	→
店	鍛冶職・庄三郎	店	鍛冶職・庄三郎×			
店	日雇稼・清吉	店	日雇稼・清吉	地借	日雇稼・清吉	→
店	木具職・豊吉					
店	糸渡世・千代吉					
店	日雇稼・弥助	店	日雇稼・弥助	地借	日雇稼・弥助	→
店	石工職・藤四郎					
店	米舂渡世・幸助					
地借	一・つる					
つる同居	白銀師・半右衛門					
店	大工職・鎌吉		大工職・鎌吉×			
店	団子売・友吉		団子売・友吉		団子売・友吉×	
店	桶職・佐太郎		桶職・佐太郎		桶職・佐太郎	→
店	日雇稼・仙蔵×					
店	馬具職・金次郎					
店	馬具職・政吉×					
店	碟師・安兵衛					
市五郎同居	鳶人足・金蔵■					
店	○家根職・栄次郎					
店	○半蔵妻・きせ					
半蔵同居	○一・幸吉					
		地借	市三郎事惣次郎×			
		店	大工職・亀吉		大工職・亀吉×	
		店・栄五郎	賃仕事・ます		賃仕事・ます	→
		店	竹皮渡世・松五郎		竹皮渡世・松之助(改名ヵ)	→
		店	古道具渡世・忠兵衛		古道具渡世・忠兵衛×	→
		店	髪結職・兼吉		髪結職・兼吉	→
		店	太物渡世・徳兵衛			
		弥助同居	○鍛冶職・清吉	店	鍛冶職・清吉	→
		店	○人宿・定四郎		人宿・辰五郎(改名)	→
				店	鞘師・伊之助	→
				店	料理人・佐吉	→
				店	小間物売・清蔵	→
				店	大工職・鉄五郎	→
				松之助同居	○糠渡世・市之助	
				店	○日雇稼・金太郎	→

○転入
×転出　■欠落
▲死亡
→文久 2 (1862)年のあとに矢印がついている人物は、文久 3 (1863)年に引き続き居住している者。

勇次郎の後家として記載されるりうは賃仕事を職業とする。店請人とはこの店に転居した時の保証人であり、「四谷新壱」すなわち四谷新伝馬町一丁目徳兵衛店幸蔵がこれである。この後、悴信次郎(一二歳)、娘なべ(一〇歳)、悴新内(二歳)の三人の子が記載される。

また、召仕とある使用人・奉公人や、同居人・掛人など、要するに居候が見える。それから印判について見ると、もっぱら戸主名の下に印判が捺されるが、戸主以外でも、父親や悴で一五歳以上の者も判を捺している場合がある。ただし女性は、後家で賃仕事を職分とする場合でも、判が全く見られないことに注意しておきたい。

慶応三(一八六七)年の「人別書上」は、こうした珍平店のような、家守が差配する店の括りごとに記載され、全部で二一の店がある。

住民の移動

四谷塩町一丁目には、前述のように安政四(一八五七)年から明治三(一八七〇)年にかけての八冊の「人別書上」が残されるが、これにより、この一四年間の居住者の変動や移動を精細に見ていくことが可能となる。珍平店で、この時期どのような変化がみられるかを、表4で見てみよう。明治三年「人別書上」は記載形式が大きく変化し、戸籍のようになっているので表4では除外し、安政四年から明治二年まで、七冊の「人別書上」から珍平店の変化を追う。安政四年には店衆が同居を含め二三軒見られるが、その後、どのように変動するかを見ようということである。例えば、珍平の次に見える地借の鳶人足市五郎(→市太郎)についてはずっと追うことができるが、慶応三年に町内から姿を消す。また四番目にいる店借の小間物渡世源助を見ると、途中で名前が銀次郎に変わる。家族名から同じ家であることがわかるが、これも慶応三年に町内から転出している。この時期、ほぼ一貫して存在するのは、右の地借市五郎と日雇稼清吉であり、それ以外は激しく入れ替わっている、また地借より店借の方が頻々と移動することが窺える。

なかには一年以内で転出する場合も珍しくない。平均すると、町内での居住二〜三年ほどで転出すると見られる。また、転入者の以前の居所や転出先を見ると、同じ四谷地区をぐるぐる回っている印象がある。

次に珍平店居住者の職業構成を見ると、安政四(一八五七)年の場合、二三人の職業記載の内訳は、小間物渡世・糸渡世・米舂渡世・団子売、桶職・鍛冶職・大工職二・家根職・木具職・石工職・白銀師・馬具職二・弽師《ゆがけ》、鳶人足二・日雇稼三、記載なし三、となっている。また慶応三(一八六七)年の場合は一八名について記載があり、小間物渡世・糶《せり》呉服渡世、紙売・渋売、桶職・鍛冶職・大工職・鞘師・料理人、人宿・鳶人足・日雇稼六、賃仕事、である。日雇稼や鳶人足などの肉体労働に携わる人々や、人宿《ひとやど》—労働者の斡旋業者でありその統括を担う特殊な商人—の存在が目を引く。

前述したように、全体として住民の流動性が顕著であるが、家持はあまり動かず、地借の定着性も比較的高い。こうして、家持と、店借を主とする店衆とは、同じ町内という空間を共有しながら、町内の構成メンバーとしてはあまり交差しないことが窺える。

階層と職分

これを四谷塩町一丁目全体で見ると、慶応三年の階層構成は表5のようになる。全体で二一カ所の町屋敷に一七九戸が分布する。その階層分布を見ると、家持は五人。その内の一軒は、あとで見る小左衛門である(五〇頁参照)。これは「勢州住宅」すなわち伊勢商人で、町内では店《みせ》の支配人が奉公人を使いながら両替業や質屋を営む。つまり地主であり経営者でもある小左衛門自身は、町に不在である。あとの四軒は居付地主、つまり家持として町に居住する。残りの町屋敷一七カ所はみな不在地主で、これらは家守が差配している。

表5—慶応3年「人別書上」の階層構成

「店」≒町屋敷数21，戸数179

家持	5	内1は勢州住宅。支配人。	2.8%
家主	17	他に家持＝家主兼務4，五人組持1	9.5
地借	31	(内，転出除籍1)	17.3
店(借)	115	(内，転出除籍30。転入17)	64.2
同居	11	(内，転出除籍2。転入1)	6.1

地借は三一戸で一七・三%。家守一七戸と地借はほぼ同じ階層で、表店に等しいと見られる。表店というのは、図5で示したように、表通りに面して間口を開き、そこを店舗や作業場として経営の場とし、同時に居住するものである。「表」とは、町屋敷内部の、表通りから裏側に五間ほどの帯状の空間を呼ぶ。これより奥側が「裏」空間である。表空間では、売場や作業場を設定することが許され、地代は裏に比べてかなり高額となる。問屋や仲買、小売りの店舗であったり、料理屋なども営まれる。また職人の親方が作業場や売場とする。表店の大半は地借であって、その場合、建家や土蔵は自身の所有である。こうした存在が町内の中心的な位置にあり、同じように表通りに面する営業者としての共同性を持つ。彼らを表店層と呼び、町内の家守層は、こうした表店層の利害代表者としての一面を持っている。

「店」とあるのは店借で一一五戸、六四・二%である。これらすべてが裏店かどうかは疑問であるが、少なくとも半分から七~八割は裏店であると推定する。町屋敷の「裏」空間は主として裏店・裏長屋の世界で、そこに売場を設置したり、作業場を常設して細工することは原則的に禁じられている。基本的に生活に特化した空間なのである。これらの裏店層では職業のありようが表店とは大分変わってくる。裏店から振売や広場・道端での商売に出かけ、普請などの仕事場に出かけ、また力仕事を中心とする様々な雑業へと出かける。また注目されるのは同居人が目立つことで、一一戸に及び、家持数を上回っている。

以上から、町内には家持・家守・地借・店借・同居人の五つの階層が見られ、この内、家守と地借をほぼ同じ階層と見れば、四つの層に区分できることになろう。

表6は、階層ごとに職分をまとめたものである。家持を見ると、質屋・味噌・羅呉服・大工などである。家守と地借には、「肴渡世」など何々渡世と表記される者が多い。地借の職分は二四種に及ぶ。粉名《こな》問屋・質渡世、また各種の職人、さらに人宿・鳶人足・日雇稼なども見える。地借で日雇稼とあるのは、自身が日雇労働者であるというより、

表6—慶応3年「人別書上」に見られる職分

家持	
質両替渡世(在伊勢)　味噌渡世　糶呉服渡世　大工職	
家主(13種)	
肴渡世　舂米渡世　糶呉服渡世2　水油渡世　籠渡世　古道具渡世　洗張渡世	
家根職　大工職　塗師　更紗職　葛籠職　鼈甲職2	未詳1
地借(24種)	
粉名問屋　質渡世3	
小間物渡世　糶呉服渡世　小道具渡世　籠渡世　筆商売	
五菜　蕎麦渡世　枡酒渡世　桐油渡世	
大工職4　左官職　家根職3　建具職　桶職　弓師　料理人	
人宿　鳶人足　日雇稼3	
賃仕事	
三弦指南　町医	
店(44種)	
小間物渡世2　古道具渡世2　小道具渡世　草履渡世　鉄物渡世　青物渡世　漬物渡世	
桐油渡世　絞渡世	
棒手振5　時之物売　紙売　渋売　小切売　青物売　さし売	
大工職8　畳職　家根職2　鍛冶職　桶職　檜物職	
鞘師　塗師職2　仏師職　表具師　蒔絵職　画師	
仕立職　縫箔職　綿打職　傘張　合羽職	
髪結職3	
料理人	
百姓宿	
人宿　鳶日雇3　日雇稼35　土方　車力2	
賃仕事16	
按摩　道心坊	未詳1

そうした日雇たちを差配する日雇頭のことではないかと推定する。鳶人足も同様で鳶頭とみられる。

店の職分は四四種みられ多様であるが、なかでも日雇稼三五人を中心に、土方・車力などの労働者が圧倒的に多い。また五人の棒手振《ぼてふり》を始め、零細な商人、八人の大工—おそらく手間取り職人—を始めとする多様な職人層が分厚く存在する。いま一つ注目されるのが、女性固有の職分である賃仕事が一六軒も存在するという事実である。

以上のように、町内の階層と職分との間には相関関係がある程度見て取れる。またこの町内には同職者・同業者の集中は見られず、また、大店《おおだな》のような存在としては、ほぼ唯一、小左衛門がこれに相当するか、というところである。商人は、「○○渡世」、「○○売」と表記されるが、この内「渡世」とあるのが店舗経営に相当するかもしれない。これから見ると、「店」の部分には一定数の表店借—店借で表店の者—が含まれる可能性が大きい。職人については、地借・店借を含めて大工が目立つ。全体として、商人よりも、職人の種類はより多様であり、また量も多い。このほか、町医者、芸能の師匠、按摩、道心なども含まれる。

3 「御用留」を読む

以上見てきたような町の構成を念頭において、次に「御用留」という史料を見てみたい（『四谷塩町一丁目御用留』江戸東京博物館史料叢書3、二〇〇〇年）。町の「御用留」は三冊残されており、この内、元治元（一八六四）年と慶応三（一八六七）年の二冊を取り上げてみたい。これらは、元治元年御用留の裏表紙に「自身番屋　徳兵衛」とあるように、町の書役である徳兵衛が記したことがわかる。書役は町に雇用され、家守が交代で勤める月行事の下で、町の事務員として働く者である。この書役が、町内の出来事を記録したものが「御用留」である。記事の内容から、諸階層で区分しながら、居住者の具体的な有り様を示す事例をいくつか紹介してみたい。

家持

家持の例として、先に見た質両替渡世小左衛門を見ておきたい。図4の「東京六大区沽券図」には、北側右から二軒目に「富山小左衛門」と出てくる。先に述べたように、小左衛門は勢州住宅であり、店支配人房三郎が江戸店の責任者である。「御用留」の小左衛門に関する記述は、いずれも質屋営業に関わるものである。例えば、元治元（一八六四）年四月の記事では、鉀次郎という、四谷坂町続に住む旗本石川八十五郎の「用役」を自称する者について、火付盗賊改から問い合わせがあり、これに対する返答で、この者が四月二十一日に当店を訪れ、衣類一八品(質代一三両)を預けたこと、また五月一日に合羽一品を持参し、合計一六両二分を貸し渡したと報告している。これらの質物が「不正」の品と判明したため、五月四日に鉀次郎は火付盗賊改に捕えられ、その盗品に関わったのではないかということで、質屋である小左衛門に「御尋」があったのである。「御用留」には、同年四月二十五日、十月二十六日、慶応三(一八六七)年八月十四日にも類似の記事が出てくる。いずれも盗品(不正の品)を質物として受け取った件で調査を受けている。

二つ目の例として、町医千葉元昌に関する記事を見ておきたい。千葉元昌については、慶応三年九月に町年寄樽屋役所からの取調要請に対して、四谷塩町一丁目名主からその身元に関する報告が提出されている。それによると千葉元昌は、四谷塩町一丁目北側東角に表京間一〇間余、裏行二〇間の町屋敷を所持したことがわかる。これは安永八(一七七九)年八月に一〇〇〇両で購入したもので、そこに間口一〇間・奥行九間の家を建て、土蔵が四つある。家族は妻・養子・娘四人、召仕が男女それぞれ二人ずつで、「身上向相応」とかなり裕福な町医者であるとされる。「町方書上」(『旧幕府引継書』)にはこの千葉元昌についての由緒を次のように記す(読み下し)。

一、旧家　　町医師　家持　千葉元昌

先祖元昌儀は、御当地出生にて、往古の儀は相知れ申さず、元禄年中の頃より、同所仲町に罷り在り、安永八亥年八月中、当町北側東角表京間拾間壱尺弐寸、裏行町並之家屋敷買い求め、地主に相成り、享保(ママ。享和)二酉年九月中死去仕る。其後、末孫にて追々永続、当元昌まで六代、凡そ百三拾年程相続仕る。当家伝法小児丸薬の儀は、当元昌祖父元昌儀、四谷仲町住居の砌より、祭り置き候延壽稲荷、平生信仰にて罷り在り、元禄の始め小児丸薬を製し、売出し候處、功能多く、世上え流布致し、則ち稲荷神号を以て薬名に移し、延壽丸と名付け候由申し伝え候。今以て相製し、世俗「千葉の小児丸」と申しならはし、日々懇望の者、数多御座候。但し、系図・

古書・古器物等、御座なく候。

右から、千葉元昌の家は元禄年中から四谷仲町にあり、六代一三〇年に及び、安永八年に当町に家屋敷を買い求めて地主となったこと、小児用の丸薬を製造して売り出し、「千葉の小児丸」として世上へ流布し、延壽丸と名付けたこと、などがわかる。この家はその後、文久元(一八六一)年に家持から地借となり、「人別書上」によれば、元治二年以降「地借文六」(養子・町医)、明治二(一八六九)年「売薬渡世、地借文六」、明治三年「売薬渡世、借地町人文六」と確認できる。これらは江戸の町医の存在を見る上で貴重な素材であり、また十八世紀後半には一〇〇〇両の沽券地を買得する経済力を持ちながら、幕末期には地借へと「転落」し、同時に家業も町医から売薬渡世へと転換しているという点など、医者と売薬との関係を見る上で注目されよう。

地借

前述のように、地借を表店層とほぼ同じものと見て、その例をいくつか挙げてみたい。

まず「五菜」八右衛門を見てみよう。彼は慶応三(一八六七)年「人別書上」の冒頭にある清次郎店に、地借として出てくる。五菜とは、五味に配した五種類の野菜(わさび・まめ・らっきょう・ねぎ・にら)のことで、これらの青物を扱う問屋かと推測される。八右衛門は、安政四(一八五七)年の「人別書上」に「五菜八右衛門、生国御当地、三十二才」と現れ、妻よね(生国常陸河内郡大徳村、二八歳)、悴新之助(五歳)・文次郎(当歳)、母いね(六六歳)、姉つや(四四歳)、の六人家族である。「御用留」によると、慶応二年十二月下旬、表入口の棹に干していた「三尺帯」一筋が盗みにあい、その後盗賊が捕えられたとして、八右衛門は翌年正月十二日に町奉行所へ召喚されている。また、三月中旬には風呂敷・紙入れ・銭を盗まれているが、その直後四月十四日に、八右衛門(四二歳)は青山五拾人町青原寺塔頭智学院位牌所で短刀を用いて自害している。理由は不明であるが、直前の盗難事件と関連があるのだろうか。このあと、よねは「八右衛門後家　賃仕事」と記載される。明治二(一八六九)年の「人別書上」で、この家は倅新之助(一七歳)が八右衛門を襲名し、荒物渡世を営んだが、同年二月晦日には転出し、「通油町又三郎地借吉右衛門同居人」となっている。そして後家よねは、三人の子供とともに実家の大徳村百姓久兵衛へ引き渡され、また一四歳の米次郎(文次郎か)は、金吹町の著名な両替商中井(播磨屋)新右衛門方へ奉公中とある。表店の青物(五菜)問屋と見られる八右衛門の家は、当主の不幸を契機に、明治初年には町内から姿を消すことになる。

　次に人宿について見ておきたい。「御用留」文久四(一八六四)年二月の記事に「藤七地借喜兵衛　壱番組人宿喜兵衛」の上申書が写されている。これは、市作という者が、人宿喜兵衛の寄子である与助の所持品(着物類四品)を盗んで「逃去り」―これを「取逃《とりにげ》」という―、その後捕らえられたため、保証人として尋問を受けたものである。市作は喜兵衛のもとで寄子《よりこ》として置かれていた最中に盗みを働いた。人宿に身元を保証して貰い、その世話を受ける者が寄子である。万延二(一八六一)年正月版「江戸口入屋人名録」(大阪市立大学福田文庫)という史料に「壱番組　四谷塩町一丁目藤七地借　上総屋喜兵衛」とあるのがこれに相当しよう。右の事件では、市作が「入墨・重敲」の刑罰を受け、石川島の人足寄場へと収容されている。また人宿喜兵衛も、市作の取逃をすぐ訴え出なかったとして「急度《きっと》叱《しかり》」―きびしく叱責する処罰―の処分を受けている。また、「御用留」慶応三年十月の記事には、人宿喜兵衛と寄子四名から、南町奉行所へ訴え出た願書の写しが見える。これによると、寄子の内三名が、小幡次郎助という旗本に「歩卒」(足軽のこと)として抱えられたところ、十月初めに解雇され、仕事先を失って行き場もなく、板橋宿で「屯集」していたところ拘束された。この時、喜兵衛と当事者の寄子たちは、「喜兵衛が寄子の身分を引き受けて世話をし謹慎させるので、喜兵衛への引き渡しを許してほしい」と願っている。同年十月三日の町年寄達《たっし》では、「歩卒のもの市中遊歩の節、不法の所業」をし「無代にて酒食など」する場合は用捨なく差し押さえ、町奉行所へ連行せよ、と命じている(近世史料研究会編『江戸町触集成第一八巻』塙書房、二〇〇二年、一七二三七号史料)。これら寄子たちは、食売旅籠屋が密集する板橋宿で無銭飲食するなどの不法行為を行っていたのかもしれない。

民衆の世界

「御用留」には、裏店を中心とする民衆の世界に関わる記事はそれほど多く見られない。以下、限られた事例ではあるが、二、三見ておこう。

まず欠落の例である。安政七（ママ）（万延元・一八六〇）年六月の記事に、家主丈兵衛店五兵衛（二四歳）の「不斗《ふと》罷出」すなわち欠落に関する史料が見える。七月二十日の日付がある五兵衛母てるの願書によると、事情は以下のようである。

　五兵衛は常日頃家業が未熟で、「酒の上、悪敷夜遊など致し」などとふしだらでむやみにお金を浪費するので、何度も叱ったが耳をかさず、六月四日に家出したまま行方がわからなくなりました。こうして身持が悪く、不行跡な者なので、監督することも難しく、そこで親類一同と相談し、親子の関係を切る（久離《きゅうり》）ので、「久離帳」に登録していただきたいと思います。

久離とは、欠落した家族との縁を切り、欠落した当人が犯すかもしれない罪に連座して処罰にあうことを避ける法的措置のことである。人別帳には五兵衛や母てるを確認することができず、家業の中身も不明である。

次は、武家奉公人についてである。これは四谷塩町一丁目の裏店居住者ではないが、近隣の事例として取り上げる。元治元（一八六四）年十二月二十六日朝、四谷塩町一丁目の地先にある御堀に浮死骸が発見され、すぐに近隣の四谷伝馬町三丁目武兵衛店捨次郎の従弟伊之助（五六歳）であることが判明する。伊之助は、武州多摩郡中野村百姓武右衛門の悴であったが、同家は弟鉄五郎が相続し、伊之助は天保六（一八三五）年に江戸へ出て、あちこちの武家屋敷で足軽奉公を勤めた。江戸に出たときにはおそらく人宿の世話になったかもしれないが、この時は従兄捨治郎が身元引受人だったのではなかろうか。当時も武家奉公中であったのか不明だが、検視の結果、前日夜に捨次郎のところで酒食したあと酩酊し、帰る途中に堀へ転落・水死したものと判断されている。事件性はないということで、遺体は捨次郎に引き取られている。武家奉公人という存在が、実は都市民衆の世界のただ中にありその一部であることを、この事例はよく示しているといえよう。

三つ目に食売女奉公の事例を見てみたい。「四谷塩町一丁目文書」の中から、まだ翻刻されていない史料を一点紹介する(読み下し。江戸東京博物館マイクロフィルムによる)。

内藤新宿庄蔵店
旅籠屋久助抱　食売女
(割印)一、生国御当地　なべ　寅拾歳
右のもの儀、この度暇差し出し、人主・四谷塩町壱丁目庄兵衛店勇次郎方へ引き渡し候旨申し出で候につき、当宿人別差し除き、この段申し送り候、以上
慶応二寅年四月　右宿　名主　高松喜六
四谷塩町壱丁目
名主　孫右衛門殿

この史料は、慶応二(一八六六)年四月に、内藤新宿の名主である高松喜六が、四谷塩町一丁目名主孫右衛門に宛てて送った人別送り状である。それまで内藤新宿の旅籠屋久助方で「食売女」として働いていたなべ(一〇歳)が暇を出され、身元保証人(人主)である四谷塩町一丁目庄兵衛店勇次郎が引き取るので、その人別を内藤新宿から四谷塩町一丁目に送る、というものである。住民の移動に伴い、人別帳への登録を移動することを、宿の名主から転居先の町の名主へ通知する、という内容である。内藤新宿は、江戸から甲州街道への出口にある宿場である。東海道の品川宿、

中山道の板橋宿、奥州街道・日光街道の千住宿とともに、江戸の四宿《ししゅく》と呼ぶ。これらは江戸外縁部に隣接する独自の都市であり、また重要な交通都市でもあった。これら宿の旅籠屋には、飯盛女・食売女と呼ばれる事実上の遊女を置くことが公認された(食売旅籠屋)。実際、四宿における旅籠屋の大半はこれらの食売旅籠屋、すなわち事実上の遊女屋であり、四宿には、新吉原に次ぐ事実上の大規模な「遊廓」(疑似遊廓)が存在したのである(6)。

まだ一〇歳の少女であるなべは、内藤新宿の食売女として旅籠屋久助のところに奉公した。実際には、遊女として売られたのである。しかし、何があったか不明であるが、遊女として成長する前に暇を遣わされ、実家に戻されたものである。

このなべについての記載が慶応三年「人別書上」にみえる。これによると、家守平三郎店に「死失勇次郎娘　賃仕事　りう　卯三十八才」の家に、一二歳と二歳の悴とともに「娘　なべ　同十才」、と記されている。これから、史料にみえる人主勇次郎はなべの父親であり、右の一件から一年もたたない内に亡くなっており、なべは後家となった母りうの元にいることがわかる。なべはおそらく困窮の中で、家族を支えるために身売りを強いられたのであろう。その後、りうの家は、明治二(一八六九)年四月の「人別書上」から姿を消している。

こうした身売の事例とみられるものは、慶応三年の「人別書上」からだけでも三例拾うことができる。府中宿旅籠屋への奉公(賃仕事ます娘きん二六歳。これは下女奉公かもしれない)、内藤新宿旅籠屋へ飯売女奉公(日雇稼磯吉娘ひゃく一五歳)、新吉原角町遊女屋へ遊女奉公(洗張渡世兵蔵同居すき二〇歳)である。四谷塩町一丁目という、場末とはいえない町にあっても、そこの裏店の民衆世界に生きる人々にとって、少女や若い女性が身売奉公を強いられることは、決して例外的な事態ではなかったのである。

以上、四谷塩町一丁目に残された「人別書上」や「御用留」などから町の世界を少し覗いてみたが、改めて民衆レベルの史料が少ないことに気付かされる。「御用留」によっても、書役が記す町内外の事件や記録の多くは、例えば風呂屋で何か盗まれたとか、盗んだ着物を質入れに来たとか、あるいは借金をめぐる訴訟とかで、これらは結局財産を持つ者、あるいは質屋などを経営する者にかかわる情報が主である。こうして、一年、二年で頻々と転居するような民衆に関する史料は、「御用留」などにもなかなか姿を現さない、ということである。

また、後家に固有の職分記載として「賃仕事」がよく見られるが、その仕事の中身は一体何なのか実態がよくわからない。例えば洗濯だったり、台所の下女のような手伝労働が主であろうか。かつて扱った例として、真綿摘という存在がある。(7) これは江戸市中で木綿の製品加工を行う内職仕事に従事する者で、「摘子」と呼ばれ、「世話宿」という者に統括されている。その多くは女性ではないかと推定するが、これなども賃仕事に包摂されるのかもしれない。

おわりに

以上、四谷塩町一丁目という、巨大城下町江戸の中のごく一部でしかない小さな都市社会の様子を、しかも幕末・維新期の一時期においてではあるが覗いてみた。将軍や諸大名、あるいは豪商の世界からいえば、全く取るに足りない世界かもしれない。しかしこうした素材を通じて、都市を生きる普通の人々の暮らしを中心に、都市社会の実態がさらに詳細に明らかにされるべきだと考えている。

最後に、ここで見てきた事例を念頭において、近世の身分について述べておきたい。身分を考える上では、塚田孝氏の身分論が重要である。(8) 氏によれば、身分とは、前近代における人間の存在様式そのものであるということである。これは近代の市民―人間存在としての形式的な均質性・平等性―との対比で、前近代の人間の有り様そのものを身分として捉える方法である。つまり差異・差別を基礎とする人間のあり方自体を身分と考える見方である。問題は身分という差異・差別を伴う有り様は何を基礎として成立するか、という点である。私はこれを所有の問題として考えるべきだと考えている(9)。

現代社会は、すべてのモノ—労働力を含めて—の価値が貨幣で数値化され、モノ同士が交換される前提となる。その意味で、モノの価値を計る尺度は均質に見える。こうしてモノを所有する主体である人間は、市民という均質な存在として現れる。例えば貨幣の所有を見ると、巨大な工場を経営し巨万の資産で相場の操作をするような富者も、財布の中身は小銭ばかりで日々の暮らしに精一杯の貧者も、貨幣の所有者という点では均質であり、同じ市民である。しかし一部の資産家は、無数の働く人びとを自らが所有する莫大な富＝資本によって支配・搾取・収奪し、こうして市民社会は非和解的に分裂している。これが現代社会の実態であり、現代の資本主義社会における差異・差別の根源にある。

これとの対比で、日本の近世社会を見ると、モノの価値はまだ全てが貨幣に数値化されておらず、様々な所有の対象はそれぞれ異質の価値によって計られている。例えば大地すなわち土地をめぐっては、村という枠組みにより、近隣同士の共同で農耕を中心とする生産を営む百姓の土地所持と、百姓の村を土地ぐるみ支配し、そこから得られる富を年貢として奪う領主たち、という二つの異質で敵対的な所有が重なっている。また、本来は大地の一部から得られた素朴な道具が、生産の用具として高度に発達し、それらの用具を用いて、多様な手工業を担う職人が百姓から分離し、独立した手工業生産者へと成長する。こうした生産の用具は、作られるモノに応じて多様となり、相互の分業も複雑になる。かくて近世の社会には、都市部を中心に、大工・木挽・左官・壁塗・屋根葺・鍛冶・畳刺・桶職・樽職・檜物師・紺屋・石工・塗師・木具師・木地師・経師等々、それぞれの用具の差異に基づきながら無数の職種が発達する。これら用具の所有を基礎とする小さな経営主体を「諸職人」と総称する場合もある。

土地や用具の所有に比べ、貨幣や馬・船のような動産の所有者である商人のそれは大きく異なる。彼らは貨幣・動産所有という点で、現代の資本家と共通する特徴を持っている。また土地や用具、また貨幣・動産などの所有から一切「自由」で、自分の肉体しか財産として持たない存在、すなわち労働力能しか所有しない労働者も、都市部を中心に数多く存在する。今回みた日雇稼はその典型である。彼らは労働力能の所有者という点で、現代の労働者に通ずる性格を持つ。こうして日本近世社会では、所有は土地、用具、貨幣・動産、労働力の四つに大きく区分することができ、これが武士や百姓、町人、諸職人や日雇などという人間の存在との差異・差別、すなわち身分の基礎にあると考える。

またこうした所有の四つのあり方から、労働力能の所有からも疎外され、見放されるような存在を近世社会は孕んでいる。非人など乞食がそれであるし、また勧進で生きる下級の宗教者や芸能者もこれに相当し、蔑視の対象とされた。

ここ二〇年来、塚田孝氏らとともに、身分的周縁というテーマにもとづく共同研究を行ってきた。これは従来からいわれてきた「士農工商・えた非人」というようなかたちで、近世の身分を一定の枠で固定的に捉える見方を批判し、私の立場でいえば、今述べたような所有の問題に身分の差異の基礎を見て、現代社会とは異なる人間の多様な有り様を、疎外された人々も含めて丁寧に見ていく方法として捉えている。そして今回垣間見た江戸の社会は、身分や身分的周縁の問題を具体的に考える上で、恰好の素材なのである。

(1) 吉田伸之『身分的周縁と社会＝文化構造』(部落問題研究所、二〇〇三年)。
(2) 吉田伸之『地域史の方法と実践』(校倉書房、二〇一五年)。
(3) 北原糸子「幕末期の都市下層民―四谷鮫河橋谷町―」(『史潮』新二六、一九八九年)。
(4) 吉田伸之「表店と裏店―商人の社会、民衆の世界―」(吉田伸之編『日本の近世　9巻』中央公論社、一九九二年／吉田伸之『巨大城下町江戸の分節構造』山川出版社、二〇〇〇年に収録)、岩本葉子「明治期東京の町と土地売買―麹町十二丁目を中心に―」(『都市史研究』三、二〇一六年)。

(5) 以下、早川雅子「人別帳からみた四谷塩町一丁目の住民構成」(『目白大学・総合科学研究』三、二〇〇七年)を参照。

(6) 吉田伸之「遊廓社会」(塚田孝編『身分的周縁と近世社会 四巻 都市の周縁に生きる』吉川弘文館、二〇〇六年)。

(7) 吉田伸之『近世巨大都市の社会構造』(東京大学出版会、一九九一年)第二編第一章。

(8) 塚田孝『近世日本身分制の研究』(兵庫部落問題研究所、一九八七年)。

(9) 前注(1)吉田書、序章。

講演―③

近世社会経済史のとらえ方

―「藩政と幕政、地方と中央」の観点から―

牧原成征

はじめに

歴史教育・教科書叙述との関連で、近世社会経済史のとらえ方を考えてみると、大まかに二つの問題があるように思う。一つは「身分社会か、経済社会か」というような、近世という時代の評価や理解のしかたの問題、もう一つは「一国史か、地域史か」というような、歴史の枠組みや方法論に関わる問題である。両者は関連しているが、まずは前者からみていこう。

日本近世はかつて「封建社会」であるとされてきた。現在でも、近代社会の側から近世を封建社会と括ることはあるが、正面から近世社会を封建社会であるとする議論や表現は、教科書などを含めすっかり影をひそめた。これは、ヨーロッパ中世をモデルとして組み立てられ一国史的な発展段階論と結びついた封建社会の概念を、日本に適用するのを避けるようになったためでもある(1)。また都市化・IT化・グローバル化が進み、封建社会論と不可分であった農村や土地制度への関心が著しく衰退したことも関わっている。

それに代わって現在、研究者が比較的多く用いるのは「身分(制)社会」という概念であり、近世社会を近代と対比的にとらえる点では封建社会論を継承している。ただ、国家史・国制史というようなマクロな歴史のとらえ方は後退し、各地域における様々な人々のミクロな実態や営みを多様に取り上げている。そうした意味で豊かな成果をあげているが、教科書叙述には反映しにくい面もあり、かつての封建社会論——近世史では幕藩制構造論・幕藩制国家論——との関係も、実質的には不問に付されている。

一方、歴史研究者以外による一般向けの書物では、「江戸時代は資本主義の社会だった」というような言い方もしばしば見かけるようになった(2)。そうした議論にはもちろん単純化や詭弁がかなりの程度含まれ、学術的に取り上げる意味のないものも多い。ただ、論拠を示しているものをみると、実は近年の経済史研究のトレンドに沿ったもので、その成果を反映している面があることに気づく。つまり、「資本主義」という表現はともかく、日本近世は市場経済が高度に発達した「経済社会」である、という認識が、(経済史を中心とする)学界でもかなり広まっているわけである(3)。

では、かつての封建制論が明らかにしてきた近世史像は(どこまで)否定・克服されたのだろうか。それをきちんと見定めることが必要だろう。また一方で、近世史研究者の多くがマクロ経済の動向への関心を欠落させているという問題もある。つまり、身分(制)社会論と経済社会論とは、別々の論者によって別個に論じられているのであり、そのことを認識したうえで、「身分(制)社会」であるという見解/側面と、「経済社会」であるという見解/側面をどのように統一的に理解すべきかが問われているといえよう(折衷すべきという意味ではない)。

また「経済社会」論は、近世を広義の近代に包摂し、近世—近代の社会・経済を連続的にとらえる傾向を有する。近世—近代における経済発展の度合いを(他国と比較しつつ)検証するために、前近代に遡ってGDP(国内総生産)や生活水準に関する統計指標を推算することも重視されるようになっている。確かにそうした基準や数値・尺度を導入することでクリアになる面もあるが、それを、国境さえ定まっていない前近代にそのまま持ち込むことには、データの根本的な欠如や史料批判のうえで難しい面が大きいことは強調しておかなければならない。

すでに話は第二の問題に及んでいるが、かつての封建社会論が一国史的な把握に傾きがちであったことは否定できない。しかし一九八〇年代以降、一国よりローカルな「地域史」の追究が重視されるようになっている。またそれと同時に、一国を超えたレベルの「地域史」の取り組みも盛んになり、国際交流・交易が重視され、日本近世の対外関係を「鎖国」という語でとらえることも批判されるようになった。これは、近年のグローバル・ヒストリーとよばれる潮流にも連なっているといえる。

こうした動向のなかで、「一国史」的な叙述を宿命づけられている日本史教科書も、制約の範囲内で大きく改善されてきている。しかし近世史でいえば、紙幅の制約もあり、どうしても江戸や幕府の視点・あり方を中心に叙述される傾向があることは否めない（いわば江戸幕府史観）。かつてに比べると、たとえば蝦夷地についての記述は充実化されたが、様々な地域の社会・経済の実態や藩政の動向を組み込むことはそもそも難しい。しかし、かつて「近き世」であった近世がすっかり遠くなり、都市化と東京一極集中が進んだ現在、中央ではなく地方・地域からの視座を意識的に確保することはこれまで以上に重要になっているといえよう。

本稿では、以上のような問題を念頭におきつつ、漠然とした一般論を述べても仕方がないので、東北地方の藩政（その代表である仙台藩）と城下町・藩領社会を具体的な素材として、[4]領主制・身分制と商業・市場経済との関係を問い、また幕府や江戸（あるいは三都）の動向との比較や関係をみることで江戸／幕府史観を補正することを試みてみたい。仙台藩を取り上げたのは、藩政・地方の一例としてではあるが、前章（講演—②）でミクロな観点から江戸の都市社会史が論じられ、次章（講演—④）で蝦夷地をめぐる幕府外交とアイヌ史の問題が取り上げられるので、その両者を私なりに架橋してみる意味も込めている。

1　藩領支配と在方の商業

まずここでは陸奥仙台藩(伊達家、六二万石)の領内支配の基本的なあり方を、「中央」・幕府での制度と比較しつつ概観し、同藩が領内在方の社会・経済をどのように統治しようとしたか、藩政下での在方商業のあり方はどうだったかを検討してみたい。

仙台藩の給人と知行制

まず仙台藩の知行制にふれておこう。同藩では家臣に実際の所領(給地)を与え、その支配を認める地方《じかた》知行制をとっており、それを最後まで続けた。中級以上の家臣は仙台城下のほか給地にも館を構え、強い知行権を持っていた。天和元(一六八一)年、幕府の仙台城絵図調査に際して、藩は家臣の給地における屋敷の絵図を徴し、「要害」であるかどうか、町場があるか(伝馬役を勤めて、市を立てるか)どうか等の基準で、「居館」、「居所」、それ以外にランクづけした。貞享四(一六八七)年以降には、やはり幕府の規制とかかわって、「要害」(二〇箇所)、「所」(基本的に町場がある)、「在所」、「在郷」(拝領ではない)に格づけするようになる。それらの主である藩士は、仙台城下との間を「参勤交代」していた。とくに有力な家臣は事実上の城(要害)を構え、周囲に家来屋敷・寺屋敷・町屋敷・足軽町屋敷を配し、そこは城下町の様相を呈していた。小林清治氏は、領内の主要な町場を大身の地頭に拝領させることによってその繁昌を維持させ、ひいては伝馬制の維持安定をもたらす方策だったととらえている(5)。東北地方の諸藩は多く地方知行制を採用しており、盛岡藩・秋田藩・米沢藩では藩末まで続けた。とくに秋田藩の「所預《ところあずかり》」は、事実上の城を大身の家臣に支配させる仕組みであり、仙台藩に類似している。

ところで豊臣秀吉は、支配下に収めていった地域に城破りを命じた。天正十八(一五九〇)年の奥羽仕置(6)でも城破りを行わせたが、それは必ずしも徹底されたわけではなかった。翌年の葛西・大崎両氏旧臣らによる土豪一揆の後、秀吉は伊達政宗に葛西・大崎の旧領(宮城県北半部)を与えて、一部の城の存置を認めて普請をさせ、他の諸城を破却させた。政宗は会津だけでなく本領だった米沢や伊達郡も没収され、岩出山(現、宮城県大崎市)へ移った。関ヶ原の戦い後、刈田《かった》郡(宮城県白石市ほか)を与えられ、結果として幕末に至る仙台藩領が確定した(奥州で六〇万石)(7)。また、徳川家康の許可を得て城を仙台に移した。慶長二十(一六一五)年の「一国一城令」は、西国大名宛てに出されたものとみられている。

奥羽でも部分的に太閤検地は行われていたが、仙台藩は寛永十七(一六四〇)年～二十(一六四三)年に領内総検地を行った。それは太閤検地や幕府の検地と比べると著しく特徴的だった。まず、一反は太閤検地と同じ三〇〇歩としたが、石高制ではなく旧来の貫高制を踏襲した(年貢は貨幣だけでなく米でも納められた)。また、検地帳ではふつう地字順に土地片の反別(面積)とその作人を登載してゆき、そこで名請した作人がすなわち百姓身分なのであるが、仙台藩では、名寄帳形式で「人頭」ごとに所持地をまとめて記載し、百姓だけでなく、(給人知行地では)給人自身を「手《て》作《づくり》」として名請させ、給人の家来も名請させている。給人の家来や足軽が村々にも居住し、百姓と同じような生業に従事していた。彼らはとりわけ河川沿いの低湿地に「屯田兵」のように配され、開発を進めた。

こうして伊達氏の所領は戦国期以降、移動させられたのだが、家臣を在地の屋敷・所領に配置するような仕組みをあらためて設定したことになる。その理由を考えてみると、まず、彼らは在地することを当然と考える伝統的な意識を根強く有していた。畿内近国で成立した織豊政権、とくに豊臣政権はそれを否定する城破りや城下への集住策を推し進め、それが列島各地にも及ぼされたが、貫徹されたわけではない(8)。もともと兵農未分離の状況で抱えていた家臣団に、十分な知行地や俸禄を与えて仙台城下に集住させるのは難しく、彼らの必要物資や労働力を賄う都市や流通の発達も未熟だった。葛西・大崎旧臣の土豪が激しい一揆をおこした後、そうした地域を安定的に支配し、荒廃地・原野を開発させるためにも家臣団を在郷させることは現実的な方策だった。ここからは逆に、豊臣政権が、従前・他地域とは異なる新しい政策・制度(兵農分離・石高制)を推し進めたことの画期性がみえてくる。ただそれが各領国にあまねく導入・貫徹されたわけではなかった。

仙台藩の農村法令

近世前期農政に関する法令・政策として、教科書では幕府による田畑永代売買の禁止、分地制限令、田畑勝手作の禁にふれている。このうち寛永二十(一六四三)年の田畑永代売買の禁止は関東の幕府代官・旗本宛のもので、全国令になったのは貞享四(一六八七)年のことである。藩領では永代売買を認めている所もあった。また「慶安触書」が慶安二(一六四九)年当時の幕令ではないことが指摘されて久しいが[9]、「田畑勝手作の禁」についても見直しが進められ、体系的・恒常的・全国的に商品作物の作付制限がなされていたわけではないことが指摘されている[10]。

寛文八(一六六八)年三月、幕府は百姓の家作・衣服・食物等の奢侈をいましめる趣旨の七カ条の農村法令を出した。それを入手した仙台藩は郡奉行に触れているが[11]、幕令の「庄屋」を「肝入・検断」に直しているほか、たとえば「百姓之食物、常々雑穀を用へし、米みたりに不食様に可仕事」の後段を「米一切停止たるへき事」に改めるなど、アレンジを加えている。また、幕令には「以前の法度の如く」というような文言が何度か記されているが、藩令ではすべて削除されており、幕府はすでに同様の農村法令を出していたが、仙台藩ではこの手の法令を発布、あるいは継受したのが初めてだったことを窺わせる。

仙台藩は延宝五(一六七七)年にも郡奉行に宛てて詳細な農村法令を出したが[12]、その冒頭は、前年秋に定めたという百姓の分地の禁止である(やむを得ない場合は許可)。ほかに持高一貫文(一〇石に相当)に三人以上の稼ぎ人がいる場合は奉公人の雇用を禁ずるとか、次男以下で土地を持たない者は三〇歳より前に嫁を取ってはいけない(人口抑制策)、あるいは百姓の衣類は大肝入であっても布・木綿に限る、売田・買田は前々のように禁止するなど、詳細で徹底した禁令となっている。また、持高五貫文(五〇石に相当)以上の百姓は藩の帳面にみられず、自分の才覚で所持地を拡大したものだとして、五貫文以上は土地を召し上げ、その村の小高の百姓に配分するように、という指示まである。[13]当然ながら仙台藩独自の法令であるが、幕府も寛文十三(一六七三)年、持高一〇石に満たない百姓の高分けを禁止する分地制限令を出しており、[14]これに影響を受けた可能性もある。

この延宝五年令は「御蔵入・給人前共に」百姓を潰すことの禁止や召し使うことの制限を命じているので、給人知行地をも対象としている。地方知行制が強固だった仙台藩でも、郡奉行の関与によって藩領一円に百姓の成り立ちを図る政策が進められていくという点では、他の多くの藩と同じ傾向のうちにあった。

営業税としての役金・役銭

近世の諸役とは一般に、領主が年貢のほかに、必要な物資や労働を徴発するものであるが、仙台藩では村高に対して賦課する諸役を「小役」と称している(詰夫・人足・糠・藁・入草・垣結・千石夫など)。寛永二十一(一六四四)年の規定で、その多くを代銭・代金での納入も認めている。

それとは別に仙台藩は、寛永十八(一六四一)年に郡奉行に宛てて「諸役御定」をして、三五種類の役銭・役金を規定している(表1)。この「諸役」とは、諸営業の規模に応じて課した営業税である。まず諸職人について様々な諸役銭を定めているが、仙台藩では非支配身分の諸職人を役として徴発するのではなく、実際に必要とする役務は、「お抱えの扶持職人」[15]に勤めさせ、町在の諸職人[16]からは現銭で営業税を徴収する仕組みをとっていたわけである。表1後半部分は中身の不詳な諸役もあるが、代官らが検分し、あるいは様々な営業者に判紙を渡して、売上や収獲に応じて現物や代銭で役を徴収することを定めている。商人役についても、享保期には詳細な規定があり、[17]仙台城下・在方と

表１－寛永18(1641)年における仙台藩の営業税

諸役の種類	賦課基準	賦課額(文)
鍛冶	上・中・下	230・160・100
鋳物師	本・半	260・130
大工	上・中・下	170・120・70
大鋸・木挽	本・半	100・50
桶繕・小細工	本・半	70・35
酒	上・中・下	1600・800・400
白酒役		200
室	本・半	220・110
藍	本・半	60・30
染師	上・中・下	140・80・40
灰焼	上・中・下	150・150・50
神子・山伏	本・半	200・100
いたか	本・半	200・100
御座織	本・半	130・65
紙漉	本・半	130・65
研師・鞘師・銀細工・塗師	上・中・下	200・100・100
木地引	本・半	70・35
炭焼	本・半	100・50
御鷹餌犬役	高10・15貫文につき	犬１疋(40文)
すかね役	見当たり次第	
船水主役	前々のごとく	
野手役	見当たり次第	口銭５分に
湯役	前々のごとく，村ごとに	
川役幷鮭	川により	魚にて(代銭のばあい鮭１本に30文)
商人役	前々のごとく	
沼役	見当たり次第	
鮪(カ)大網役	網の大小，見当たり次第	
鮭立網役	同	
駒ノ口銭	判紙次第	売金１切につき寛永銭100文ずつ
上下役	同	同
刻たばこ役	判紙月々に渡し古判紙召し上げ	前々のごとく
鳥判紙	１人に判紙１枚ずつ渡し	鳥で
鹿打判紙	同	鹿皮(代銭なら皮１枚に110文)
攪漆	肝入手形・切手	
鳥尾	鳥数次第	
馬尾	馬数次第	代にて

典拠：「仙国御郡方式目」『仙台市史資料編４』８～10頁。
御鷹餌犬役は，本来「小役」に含まれるものだが，この定めにも記載されている。

もに、業態に応じて上・中・下・下々の四つのランクに分けて判紙を渡し、商人に役を賦課していた。

このほか、領内の「御役場(一種の関所)」で物産を通過させる場合に「十分一役」等を徴収し、初期にはその納入を仙台や在方の商人に「せり」によって請け負わせていた。[18] また、他領からの移入には「入役」を、商品を仙台で買って在方へ通る場合、他国へ移出する場合、他国より移入し仙台で売買した場合にはその売買高に応じて「仲役《すあい》」を課している。十九世紀初頭の数字であるが、藩の貨幣収入五万五〇〇〇両余のうち、諸役運上が一万両ほどとされている(米方収入は七万石余)。[19]

比較のために幕府についてみると、享保十四(一七二九)年分の貨幣収入八〇万両弱(米方収入は八五万石余)のうち、年貢以外で営業税に相当するものは「長崎運上」五万五〇〇〇両、「大坂諸川船・関東川船・銀座・朱座其外品々運上」四〇〇〇両弱だけである。[20] 幕府は巨大都市・三都を支配していながら、一部特殊なものを除いて、諸営業に対して諸役や運上を賦課していない。これは近世初頭における関所の廃止や楽座政策の帰結である。[21] それと比べると、仙台藩の営業税・関税重視は特異であるが、他藩ではどうだろうか。東北諸藩の例をみておこう。

会津では、文禄四(一五九五)年、蒲生氏郷の子秀行の入部に際して、同行した浅野長吉が若松町に対して「塩役・塩宿・蝋役・麹役・駒役以外の諸座」を否定した。[22] つまり上方と同じように楽座を行った。一方、盛岡藩では鉱山のほか、水産物の主産地である閉伊《へい》沿岸を海川運上の対象とし、材木の主産地である下北半島に檜山運上を課した。請負人には地域内の水産物・材木の専売権、舟役、他領出荷物の十分一役の徴収権を与えた。主として運上金額の「せり」によって請負人を決定し、地元・城下町のほか、江戸・仙台など他領商人が請負人になることもあった。[23] 城下でもかなりの額の礼銭・役金を取っている。[24] 弘前藩でも城下で商人や職人として生業を営む者に役銀を課していた。[25] このように北奥羽の大名は、もともと山野河海の産物とそれらの交易への吸着に、より大きく依拠していた。こう考えると、松前氏が豊臣秀吉から船役の徴収を安堵され、やがてアイヌとの交易権を知行として与える商場知行制をとったことを、本州中央部との異質性という面だけでなく、北奥羽との連続性という面もあわせて理解することができる。もちろん、アイヌの人々からみれば、近世に入ってその生活圏が蝦夷地・松前地・北奥羽に分離されたのだが。[26]

口留番所と留物

さて、藩は領分の境目等に口留番所をおき、人や物の移動を統制していた。こうした移出入の統制、およびその対象を「留物《とめもの》」とよぶが、仙台藩では表2の通りである。とくに女・鷹・馬、武器・罪人は他領へ出すことを厳しく制限しており、出すには藩主の印判もしくは奉行(家老のこと)の書付を申請して発給してもらう必要があった。手続きは領主によって差があるが、これらは総じて、幕府や藩が秩序を維持するために、あるいはその象徴として厳しく管理しているものである。また人身の売買による移動や欠落を禁止して、労働力を領内に留める政策をとっている。[27]

その他、希少で価値の高い物資、藩が専売制・流通統制を敷いている物産の移出が取り締まられており、その藩がそれらの確保を図っていることを示す。仙台藩で特徴的なのは、熊皮や鮭であり、馬・鷹とあわせて陸奥・蝦夷地の特産品である。馬・鷹や一部の鳥魚類は幕藩領主相互の贈答儀礼に欠かせないものであり、仙台藩は幕藩制国家の中でそれらの供給者として位置づけられていたとされる。[28] 反対に移入を留めた品目も、領内産業の保護、専売制や流通統制と関わっていると考えられるが、この段階ではわずか数品目にとどまる。

仙台藩は、貞享元(一六八四)年に、町奉行に対して、領内へ入れない品物を数多く指示し、また領内へは入れるが在々(村々)へは留める品物(つまり城下限りで流通を認める物)を郡奉行に対して指示している(表3)。前者は化粧道具・高級手回品、後者は絹織物・准高級日用品である。仙台藩ではこの数年前から財政難が深刻になって藩札(金札)を発行しており、他領からの購買(正貨支払)を抑制する必要があった。ここからは、一面で奢侈品が急激に仙台藩領にも流入してきていること、同時に藩の財政難からそれを厳しく取り締まろうとしていることがわかる。また、城下

表２―仙台藩の留物

会津藩（1643年）	仙台藩（1655年）	同（1662年）	（必要書類）
	他領へ出すのを制限		
女	女房	女房	御印判
巣鷹	鷹	鷹	
駒	乗馬・小荷駄	馬	
		縄懸者	奉行書付
	兵具類	兵具類	
鉛	銅・鉛・鉄	銅・鉛・錫・鉄・鍬	出入司書付
	銭(荷作りしたもの)	銭荷物	
紙		紙・紙子＊１	
		材木・薪	
	篠竹・唐竹	唐竹・篠竹	
	柴	柴	
		初鮭・初鱈	境目を開ける場合は出入司書付
		米・大豆・雑穀・粒荏	
	綿・麻・粒荏	麻・綿(真綿か)＊２	
	黄連	黄連	算用奉行書付
	鵜	紅花	
		藍＊４	
		商人荷物＊	
蝋	蝋	蝋＊３	割奉行書付
漆		漆	
熊皮	熊皮	熊皮，鹿皮，犬皮＊	
	鶴・白鳥・雁・鴨・小鳥	鶴・白鳥・菱喰・雁・鴨類・雉子	
	初鮭・初鱈・鮭の子籠	鮭子籠	
	売男		
	欠落男女	欠落者	
	博労，比丘尼	博労，比丘尼	主人か町奉行の書付
	他領より入れるのを制限		
	米・大豆・雑穀（郡奉行衆証文があれば通す）	米＊・大豆＊・雑穀＊	出入司書付
	塩・塩肴		
	鉄	鉄＊	
	結桶		

典拠：「仙国御郡方式目」『仙台市史資料編４』16〜17，20〜21，28〜29頁。

会津については『会津藩家世実紀』第１巻(吉川弘文館，1975年)140頁。

なお，＊は1669年には規定がなくなるもの。同年，＊１には紙布，＊２には紬・布，＊３には蝋燭が追加され，＊４はたばこに替わる。

表3 ―貞享元(1684)年の移入禁止品

領内へ入れない物	領内へは入れてよいが在々へは留める物
莨(タバコ) 瀬戸物 宇治茶(直に持ち来たり売った物) 真綿・小間物類 鬢道具 　指櫛・鬢水入・鏡袋・鏡箱・打鏡台・剃刀箱・をりまけ・鬢なて・耳かき・耳はらひ・元結・鬢付・鬢洗香・香包 女道具 　箱鏡台・歯黒つき・小枕・元結紙・際墨・紅皿・紅筆・化粧筆・手箱金物・手箱打緒・さゝい(棬カ)・さゝい金物・さゝい打緒・姿見鏡・笄・女指櫛・櫛台・女剃刀箱・ミたれ箱・楊枝指・重香箱・袖香箱・掛香・伽羅箱・畳紙・針指・文箱・文箱之緒くわん 打物之類 　ふりむき・花切・木鋏・南蛮鋏・くりむき・伽羅わり・伽羅引つる懸・文ふうし・さすかさけさや・数寄屋道具・たはこ盆道具・唐金たはこ盆道具・はんのうへ・火鉢・間鍋・料理鍋・塗燭台・唐金切立・唐金燭台・塗手燭・唐金手燭・鍋切立・釘かくし・芯切芯溜・唐紙・いろ紙・間似合・薄葉・中葉・土佐紙・布目紙・打(折カ)手本・色紙・短冊・修善寺・丈長・ひやうぶおし・打文庫・張文庫・さかつき・頭巾・綿帽子・菓子盆・綜緒・足緒・手さし・盆台・菜弁当・鷹かけ・印籠・巾着・相付・緒〆・柄頭・備後表・近江表(乗物屋は御免)・絵筵・編笠・塗笠・風呂敷・琴・上草履・革たはこ入・鼻紙袋・煙管さし・団扇・筒守・人形・簾・塗足駄・花氈・差枕・括枕・ひな道具・金銀箔紙	小袖・巻物，絹・羽二重・紬・さらし帷子・同手拭 糸島の類，羽織・袴・上下・帯地大綴 高宮島，同断 唐桟留・南京木綿・南京染，同断 薄物羽織地 麻上下，其外上下地一円 板張 鞘鮫 行李柳，付，鏡・爪切・櫛払・鬢たらひ・たらひわたし・金眉刷毛・かね付筆 物裁・切出し小刀 鉄・唐金鰐口 漆紙・とりのこ・薬袋紙・印金紙・のし紙・白とふしてい紙 表紙・花考紙 合羽 挟箱・同覆 沓箱 書物の類 葛籠 塗仏具，唐金・真鍮共 線香 外居(白木綿外居・同結外居はよい) 弁当 重箱(白ぬりの外はよい) 台木椀 色糸・たゝほさうへ・むな紐・括緒 弓矢・弓懸 足袋の紐(木綿緒はよい) 鼓・太鼓 鐙・太刀・竹刀道具 雪駄・京かい草履・桐足駄・下駄 毛氈 厨子入仏 銅・真鍮・金物の類 のし・水引 白箸・塗箸 あふらつき

出典：「仙国御郡方式目」『仙台市史資料編4』49～52頁。市史によって一部表記に漢字を充てた。

と在方とで購買可能な品に明確な格差を設けていることもわかる。

仙台藩は、正徳元（一七一一）年、「在々商人たちが上方・江戸・関東へ行って商品を直買することは先年から禁止してきたが（領国南部は例外で認めていた）、近年は直買している者がいると聞き不届き至極だ。これまで通り在々の商人は仙台へ上って売買するように」と命じた。また享保七（一七二二）年には、他国商人が領内在々へ荷物を持ち込み売買することはもともと禁止しているが、近年、乱れているとして、あらためて禁止している。(29) 宝暦四（一七五四）年には「先年から他領の商人が来ているが、近年、近江から来ている商人が盛んに商売をして民間の痛みになっている。合薬・小間物に取り交ぜて木綿・絹帛の類を持参し、手代の者数十人に手分けさせ、宿を介して領内在々で大規模に貸し売りをし、身上を潰す百姓が出ている」として、貸し売りを禁止するよう提言がなされている。(30) 規制が空文化しつつあることがわかるが、藩は木綿・古手・繰綿などの直仕入禁止の方針を藩末まで堅持した。(31)

在方商業

仙台藩は、寛延元（一七四八）年、城下の商人が在々へ振売に行くこと、在々の市日に商いに行くことを禁じた。ただし、在々の市日にその所の産物を買いに行くのはよいとしている。(32) 天明元（一七八一）年にはそれを再確認し、「近年、町場以外の在々で店を出し振売を専らにする者もいると聞くが不届きだ。百姓は農業を専らに励むように」と指示し、定まった町場の外では売買や商人の居住、振売を禁止した。(33) これは、同年の国産仕法（専売制）の開始に際して、それに加わる商人のみに商業を認めようとした措置だった。(34)

近世前期における在方商業のあり方を知るために、ここでは会津の例をみておこう。会津藩が幕府から預かっていた南山蔵入地（福島県西南部一帯）のうち伊南《いな》古町組が貞享二（一六八五）年に村々の様子を書き上げた風俗帳には(35)「諸品売買幷古町市場之次第」という項目があり、商業と市場の様子がわかる。まず当該地域で産出され売り出される特産物として、駒・麻・晒し布・真綿があげられている。駒以外についてみておこう。

〔麻〕　年々、江戸・関東・近江より商人たちが来て買っていく。また所（地元）の者が買い取って、江戸へ出している。上麻は近江の商人が買い取って、近江へのぼせている。それに次ぐ品質のものは江戸への商売になり、少しは所の者が仙道（福島県中通り地方）へ売りにいく。

〔さらし布（麻布）〕　布ができると、品質が一定以上のものを選んで郷頭《ごうがしら》（大庄屋）の所へ持ち寄り、公儀御用布を選抜し、残りを商人へ買わせる。年々、江戸・関東から商人が来るほか、所の者も買い取って関東・江戸・京都まで売りに行く。江戸より来る商人たちは古町村に宿をとり、村々を毎日廻って買い集め、古町で荷作りして江戸へ送り出している。

〔真綿〕　六・七月に綿ができ次第、郷頭の所に持ち寄り、公儀御買綿、御家中御誂《あつらえ》綿を差し上げる。端綿・下綿の分は若松町方の商人もしくは所の者が買い取り、他国への御留物なので（表2では留物とされてないが）、若松へ持参し商売している。

さらし布・真綿については会津藩が郷頭を通して流通を統制していた。全般に季節性があり、所の者が遠隔地へ売りに行くこともあったが、江戸・関東・近江など遠隔地の商人が毎年同じ時期に買いに来るのが主要な形態だった。在地の売り手としては、「其人へウルマイトイへバ、外ニ又京都ノヨフニナンボモ仕切ルカイテ（買い手）ガナキ故ニ、シカタナフウル也（仕方なく売るのだ）」というような販売機会・相手の制約があったとみられる。(36) 仙台藩ではこうした特産物がそもそも乏しかった。

さて逆に、古町組の百姓たちが他所から買い調えている物としては、鍬・鎌・農笠・木綿・古着・茶・塩があげられている。非自給の必需品に近い物である。

〔鍬〕　年々、二・三月中に、所の商人たちが仙道へ買いに行き商売している。代金は借金し、布や麻が売れた時に返済している。

〔鎌〕　越後から所の者たちが商売している。代金の決裁は鍬と同じ。

〔笠〕　二月に若松・喜多方方面より所の者たちが買って来て商売している。

〔木綿・古着〕　関東から下級で安価な物を、関東の商人もしくは所（会津）の者が商売しに来るのを（それぞれの分際に応じて）買っている。（古着は）若松からも商人が来る。

〔茶〕　関東から商人が売りに来る。

〔塩〕　当谷の者が越後へ行って背負い商いにしている。また野沢（福島県西会津町）より売りに来るのを買っている。

当所の商人が買いに行く場合、掛買をしており、特定の相手との長期・相対の売買が中心だったことが窺える。また当所の商人といっても、鍬や笠が二月という農閑期に売買され、百姓の農間商いとしての色彩が濃厚である。会津では衣料原料として麻・麻布・真綿を産出して売り、自給できなかった木綿の下級品や古着を関東から購入・移入していた。前述したように、仙台藩ではこうした物資の他領・他領商人からの直買を禁止しており、やがて城下商人による振売をも禁止したが、百姓が城下へ出向いて購入することは認めていた。

在方の市場

つづいて伊南古町の市場についての風俗帳の記事をみよう。

市日は二と七の六斎である。昔は布・真綿・麻などを市へ持ち出して売買したので、五月以降は市が立ったが、現在は商人が村々へ廻って買いつけるので、六・七月まで市は立たない。秋になって伊北《いほう》等より米を持参し市日を目当てにやってくるので、近郷などからも買いに来ている。

米についての記述からわかるように、市の機能とは、そこで売り手と買い手が集まり、その間で価格が定まって物資が集散することにある。しかし、前述したような、遠隔地の商人が村々を廻って相対で特産物を買い付ける方法が優越し、市立てが衰退する動向が、十七世紀を通して進行した。こうした在方市の衰退は当該期、他の地域にも広く見出される。その要因を一概にはいえないが、城下町が整備され、市場の機能が城下に集中されたこと、資本力のある専業の都市商人が積極的な集荷を進めるようになったこと、の二点は指摘することができるだろう。

なお、仙台藩領には享保期以前、七七カ所の「日市」(多くは六斎市)があったとされている。[37] 寛文四(一六六四)年の領知目録の同藩領陸奥国分九七〇カ村で計算すると、一三カ村に一カ所ほどの日市があったことになる。一般に当時の市場では屋敷所持者が「座」等とよばれる屋敷前の売場に商人を呼び寄せて商いを行わせた。しばしば特定の品目の「座」が市場内でまとまって設けられたが、合わせても屋敷数軒分であり、[38] 売り手の商人数は限定的である。複数の売り手と買い手が競争する競争売買の側面はもちろんあったが、なお相対《あいたい》売買の色合いも強かったとみられる。

以上、事例が会津藩預地にまたがり、やや制度面・規制面に偏した検討となったが、藩の統制の下における村々の経済のあり方をみてくると、それを単に市場経済の発達した「経済社会」と特徴づけるのは無理があるように思われる。ただ、当時の商業の中心は城下町や三都だったのであり、次にそれらをみておく必要がある。

2　城下町における商業の特質

一般に、城主と、城下に集住したその家臣団が必要とする物資や機能を調達させるために、職人や商人が集められて城下町が形成された。城下町は藩が領国経済を掌握し統制する要でもあった。ここでは仙台に即して城下町商業の特質をみてゆきたい。

仙台城下町の概要

まず、仙台城下町の概要を整理しておこう(図1)。関ヶ原の戦い後、慶長六(一六〇一)年から伊達政宗が村々「入会」の原野に仙台城の普請を始め、城下には武家地・足軽町・寺社地・町人地が形成された。前述したように仙台藩では家臣が知行地にも屋敷(事実上の城を含む)を構えたが、上級家臣は仙台屋敷に留守居を、中級家臣は宿守《やどもり》をおき、藩からの命令・法令の伝達を受けた。

いわゆる足軽町としては、狭義の足軽屋敷のほか、中間(=小人)屋敷・歩者《かちのもの》屋敷・鷹師屋敷・禰宜屋敷・職人屋敷などがあった。江戸の場合は、扶持職人屋敷はそれほど目立たず、町人地に職人町が大規模に設定されていたが、仙台の場合、町人地には、職人町が染師町と鍛冶町くらいしかない。仙台城下に職人を呼び寄せるには、職人層に扶持を与えて、直接抱え入れる方法を重視せざるを得なかったとみることもできる。

次に町人地についてみよう。仙台城下には南から北へ奥州街道が屈折しながら貫通し、これを通町通りと称した。また城の正面に向かって大町通りが延び、両者が交差するのが「芭蕉の辻」と称される城下の中心部である。この二つの通り沿いに、ほぼ寛永期までに二四町(大町を二町と数えている)とされる町々(個別町)ができた。町人人口は元禄八(一六九五)年に二万二七〇六人で、[39]領分の規模に対して町方は小さい。家臣・陪臣が在郷しており、常に仙台で消費生活を営んだわけではなかったからである。[40]

街道の配置は仙台と江戸とでよく似ているが、江戸の場合は、寛永期頃までに成立した約三〇〇町を古町《こちょう》とよぶ。その後、次第に町場化した代官支配地(村)や寺社奉行支配地の一部を町奉行支配に組み込み、安永三(一七七四)年には一七一四町を数えるに至った。[41]町方人口は四五万~五〇万人ほどに達し、地方城下町とは隔絶した規模であった。

江戸の中心部では町屋の稠密化が進み、町屋敷を所持する地主・家持と地借・店借との分化が進んだ。店借や地借も、通りに面した部分を店舗兼住宅として借りる表店《おもてだな》と、通りに面さない奥を長屋の住居として借りる裏店《うらだな》とに分化

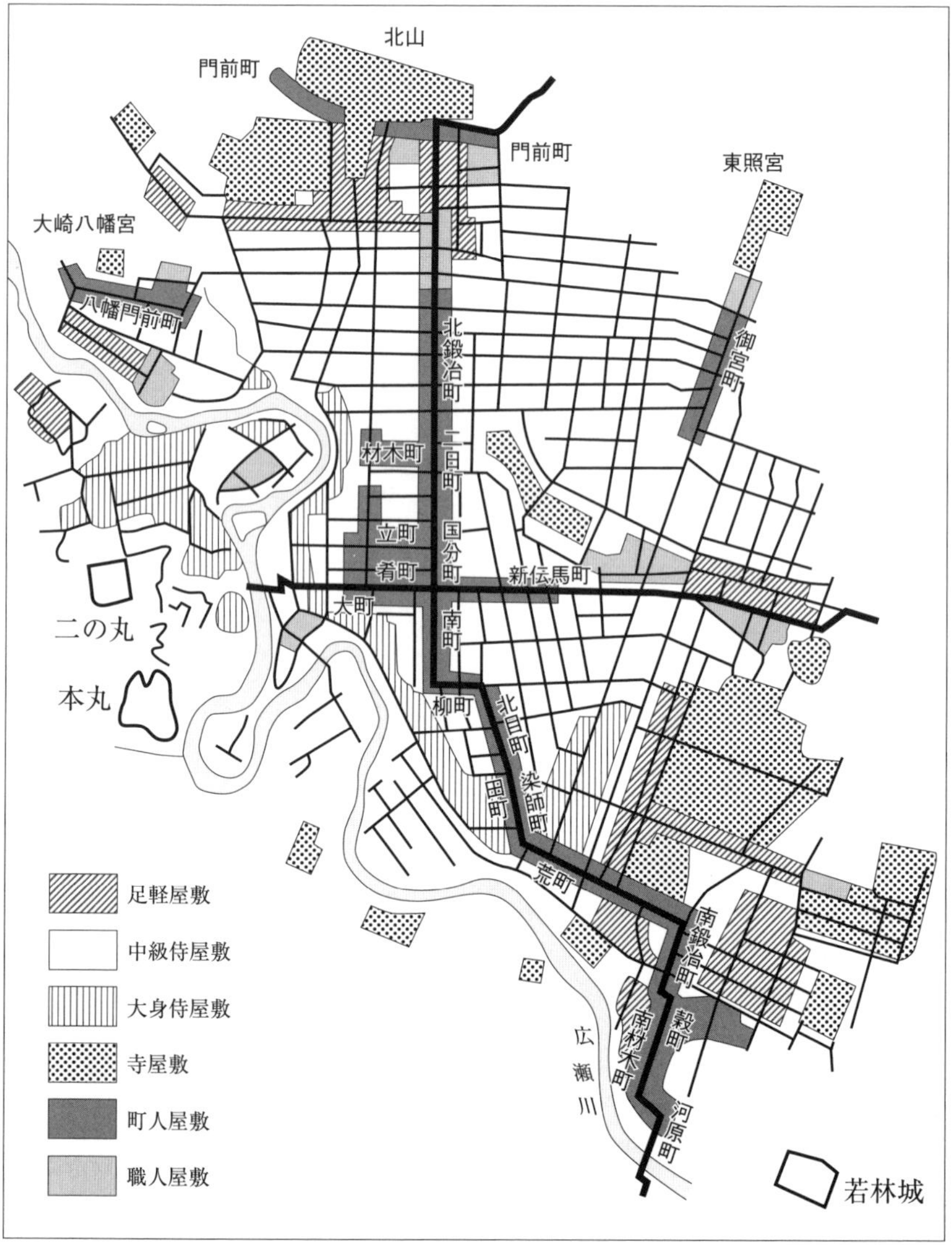

図 1 ―仙台城下の町割（渡辺信夫ほか『宮城県の歴史』山川出版社，1999年，159頁の図をもとに作成）

した。教科書などに掲載されている町屋敷の図は、それをモデル化して示したものである。地方城下町では、そこまでの分化は進まず、店借の数や比率は小さかったようである。仙台では表を独立した長屋にして商人に貸し、屋敷所持者は裏に住宅を構えて住むことがみられた。(42)

前期の仙台城下町商業——「一町株」

さて、仙台藩はもともと城下の町ごとに特定の品目の商売を独占する権利を認めていた。すなわち、大町一丁目(古手)、大町二~四丁目(絹布・木綿・小間物)、立町・穀町(穀物)、肴町(魚)、南町(八百屋物・荒物)、荒町(麹)、北材木町(材木)、田町(紙)、柳町(茶)等である(『仙臺市史9』五三一号史料)。これを後年の史料(同五八二号)の表現によって「一町株」とよぶが、これは城下町が均等に繁栄することを図る仕組みであった。このうち大町・肴町・南町・立町・柳町・荒町は「御譜代町」とよばれ、伊達氏に従って、米沢から岩出山を経て仙台城下に移ってきたとされる町々である。

こうした特権の下での商業はどのようになされたのだろうか。田町は、仙台城築城後まもなく、御譜代町よりは少し遅れて、城下のメインストリート御通町の賑わいのために「紙町(紙市)」の権利を与えられたことが、寛永十八(一六四一)年の史料からわかる(同五二九号)。他の町で紙を売買していた場合、田町の者たちがその品を取り押さえ、闕所(没収処分)として藩へ上納してきたという。ところがこの年に至って、田町に出ている紙売商人(四四人)のうち二〇人から、田町へは「棚賃(の補償分)」だけを出し、他町でも売買できる「売り散らし」にしたいという訴えがあげられた。紙売商人のうちに田町の町人は多くなく、他町から出る者が多かった。田町の町人は、その訴願に対抗して特権の維持を求めつつ、もしそれで御不自由に存じられる場合は、田町の者たちが日々、五人も七人も仙台中へ振売に出たい、と訴えている。ただし、後の史料によれば、「売り散らし」の訴願が容れられたようである。

また大町二〜四丁目には、元和六（一六二〇）年の段階で、関東からやって来てかなり長期に棚・宿（店舗兼宿と思われる）を借り、そこに滞在して、陸付《おかづけ》で持参した木綿などを仙台の人々や通行人などへ売る、「関東棚売の者共」と称する商人たちが、一〇〇人以上来ていた（同五二三号）。彼らは二〜四丁目の間で、棚・宿を定期的に替えることを町人から強制されていた。[43]おそらく常設の建物で、かなり恒常的に売買が行われるようになっていたが、常設店舗といえるかどうかは微妙である。また、これら紙や木綿の場合、（何軒かの）問屋に荷物が委託されて集中しそこで売買や相場形成がなされていたわけではない。

仙台城下の上方商人

「関東棚売」商人の訴状によれば、彼らは、仙台藩から商人役を請け負っている田中惣七なる者から「商御判（を押した札・文書）」の交付を受けていた。訴状では「商人たちについて詳しいことは田中惣七殿がご存じだから御尋ねなさってください」とも願っているので、仙台の商人を統率する商人司のような存在とも推定されている。[44]ただ、時期は下るが、享保期に幕府の許可を得て仙台藩が寛永通宝を鋳造した際、それを請け負った三人のうちの一人が京都の商人田中惣七であり、彼は幕府の御為替御用をも担っていた。[45]

これに関連する史料がある（『仙臺市史9』五二四号）。寛永五（一六二八）年、八人の薬商人が藩へ訴願を行った。二人が伊勢、二人が大坂、一人が京、一人が加賀、一人が関東、一人が御国（仙台藩領）の肩書を持ち、「上方の者はいずれも御国（仙台藩）をひとえに頼って、妻子以下をもって薬の売買をして有りつき、田中惣左衛門へ商判の金子を出しているのに、さらに「木薬御役」を負担することになって難渋している」と訴えている。彼ら薬商人が、上方など出身地との関係をなお濃厚に持っていることがわかるが、ここで商判の金子を請け負っている田中惣左衛門は、前記の田中惣七その人か、関係者である可能性が高い。仮に田中が京都の商人で、仙台城下で商売役を請け負っていたとすると、院内銀山町など近世初頭に開発された鉱山町における諸役運上の請負によく似たあり方をここに見出すことができる。(46)

前期の仙台城下町商業――「日市」

さて、仙台城下では、「一町株」と並んで、「日市《ひいち》(日町)」を立てる権利を特定の町に認めていた。すなわち、「御譜代町」六町には(六年廻りで)九月に、北目町には毎年十二月に、国分町・二日町では(隔年で)三月に、「日市」(ここでは毎日の市)を立てる権利が認められていた。(47) その月の間は、呉服・木綿・古手・米など一七品の主要な商品を扱う商人は、その町々へ出て商売をした。店舗を借りるのか、屋敷前の路上を借りるのかは不明である。他町での商売は禁止されたが、「一町株」として町ごとに認められた商売物は商えたようである。御譜代町以外の北目町・二日町は、仙台城下ができる前からこの地域にあって市が立てられていた。それが城下町に組み込まれて、北目町・国分町は(北材木町と共に)伝馬町として、二日町は旅籠町としての役割を担った。そうした役や伝統的な地位に対する見返りとして、これらの町に「日市」の権利が認められたとみられる。

初期仙台城下町の商業は、以上のような強固な特権と規制の上に行われており、なお常設店舗であるとはいえない状況だった。と同時に、特権と規制を与えることによって、町人が商人を呼び寄せ、あるいは自ら商いをして、城下のどこかで様々な商品の恒常的な売買が行われるようになった、という面もあった。これが商業における仙台城下町成立の歴史的意義であろう。戦国期には全国的に、一・六の市、二・七の市、三・八の市、というように、周辺村々のどこかで市が毎日、立てられるようになっていたとされるが、(48) その機能を城下に集中しただけでなく、より恒常的で品目に分化した商いが行われるようになった。

他の城下町をみると、久保田城下は寛文三(一六六三)年に四九町を数えたが、中心部の大町(三町)が絹布・木綿・

麻糸・古手・小間物等の商売を、茶町(三町)が茶・紙・綿等の商売を独占することを藩から認められ、これを「家督」と称した。他に、日市が立つ町もあった。藩財政の窮乏に伴って町方が衰微し、元禄元(一六八八)年には「在々商人売物、上方より直々買下し」を禁じ、「在々商人ハ久保田へ罷出買物」するように定められており、仙台に極めてよく似ている。[49]会津若松(五四町)や盛岡(二三町)でも、商業は日市で行われ、同職集住もみられたが、町株はなかったようだ。

江戸でも他国・上方商人が多く進出し、当初、同業者町が設定されたことは仙台と同じである。町ごとに商業特権もあったともみられるが、幕府の膝下として町の繁栄が続き、特権や規制があったとしても、仙台や久保田と比べると急速に解消した。また商人も、日市・「棚売」という形式ではなく、早期に店借・常設店舗商業という形での「定着」が進んだ。[50]

商業特権の再構築

さて、仙台城下の商業規制のうち「御日市」の方は、慶安四(一六五一)年に停止され、判札を取っている諸商人から、御秤屋が判のランク(上判・中判・下判・下々判)に応じて「棚銭」(の補償分)を集め、日市を立ててきた町へ渡すことになった。[51]また「一町株」の方も、延宝三(一六七五)年に「売り散らし」、つまりどの町で商売してもよいこととされたが、所定の役金を、各品目の専売権を持つ町へ取り立てることを許し、それをその町中で分配することとされた(『仙臺市史9』五三一号)。[52]藩が役金(商人役)収入を放棄して、それまで町々が取ってきた棚賃収入を補償したことになる。

仙台藩は寛文十二(一六七二)年に、深刻な財政難のために簡略令を出しており、[53]城下の商業不振が進んだとみられ、規制の緩和と金銭の補償には、それへの対応、救済の意味があったと思われる。ただ、かつて特権を有していた町々にはそれを補償する収入が認められ、営業上での優位に結びついたと考えられ、どの程度、実質的に「売り散らし」になったかには留保が必要であろう。

実際、宝永八(一七一一)年には、大町の絹布・小間物・木綿・古手商人たちが、次のような願書を作っている。「他領商人が城下や藩領に入り込んで商売し、私たちの売買が薄くなり、空き店が増え、困窮して潰れる者も多く出ている」と現状を述べた上で、先例を長々とあげて、「先代様のように、境目を留めて(城下より)奥の藩領内へ他領商人を通すのを禁止してほしい。他領商人で城下に店を持たない者には店を出すよう命じてほしい。そうすれば宿賃渡世の者も助かる」と願っている(同五三六号)。この段階で大町には、「町株」で定められた業種の商人が変わらず集まっていた。元和期に比べると「店舗(支店)を出す」という形で商人を居付かせるのが当然とみなされるようになっている。

ここであげられた先例の冒頭は次のような由緒である。――「(寛永八年以前)藩が大町一~四丁目に、他領売人のため問屋六人を設定し、他領売人が奥へ入り込まず、問屋で渡し売りをして、奥商人の上方への直買をも禁止するべく、奥通境目役人衆へ取締りを命じた。その結果、仙台城下が繁栄し、寛永八年に絹布・小間物・木綿・古手売人を大町通りの外へおいてはならないという政宗の文書をもらった。そのお礼に、境役人の費用として御仲役を納めるようになった」。ただ、ここで言及されている寛永八(一六三一)年の文書は、自他国の木綿商人が大町通りに勝手次第に店=宿を借りることを認めたものであり(同五二六号)、限定された問屋を立てたことを示すものではない。仲役の起源はともかく、寛永期に大町に問屋六人を定めたとする由緒は、後年の創作である可能性が高い。

その後も奥商人が関東や上方で直仕入を企てたり、他領商人が奥へ入り込もうとしたりしたが、その都度、取締りの訴願を繰り返し、藩もそれに応じてくれたという経緯を記し、今回、他国商人が「節之物、婚礼等之小袖・帷子・帯類、其外抜群栄耀之具」の商売をするので、城下の商人が年々、売買が薄くなっていると訴えたのである。前述したように、仙台藩は十七世紀末に他国からの奢侈品購入・流入を厳しく取り締まるようになったが(表3)、そうした藩の政策に対応して、城下大町の商人＝町人らがその徹底を求め、営業の保護を受けようとした。[54]

この願いはすぐには認められなかったようだが、享保十六(一七三一)年には他国商人が木綿荷物を下した場合、大町二〜四丁目の内に着け、それより在々へ通るべきこと、城下・在々の木綿商人もすべて同所で買い取ること、直仕入をしたい場合も同所へ店を出すことを命じている(同五四一号)。十七世紀末以降、仙台に出店し豪商となるのはいずれも近江商人であることが指摘されている。[55]こうして大町の商業特権が再構築され、近江・上方商人が「出店(支配人をおく)」という形で進出・定着するに至った。[56]

3　藩財政と商人仲間

ここでは仙台藩財政と三都市場・商人との関係をみたうえで、仙台と三都における商人仲間の形成・統制について検討してゆきたい。

藩財政と三都市場

近世の列島社会では、米が最も保存・計量に便利で換金性の高い最大の生産物だった。藩は領内の村から年貢を主として米で(畑の分は貨幣で)取って、その一部を家臣団が消費したほかは、城下町や三都などで売却・換金した。諸藩が米の増産に力を入れ、領内で新田開発を進めたのもそのためである。仙台藩の場合、十七世紀半ばをピークとして貞享元(一六八四)年までに三三万石余の耕地を開発し、享保期には内高一〇〇万石(一〇万貫)を超えるに至った。[57]

海運が整備されると、城下町で年貢米を換金するだけではなく、多くの藩は大坂へ、伊勢より東の太平洋側の諸藩は江戸へ廻米して換金するのを通例とした。とくに大坂には領主米が多く集まり、諸藩の蔵屋敷が立ち並び、蔵元とよばれた商人が、出納や蔵物の売却を担った。次第にこうした商人による大名貸も恒常的に行われるようになり、蔵米の集散と大名金融の両面で、大坂は中央市場としての地位を確立した。とくに西日本の地方都市の米相場も、大坂の相場に連動するようになる。[58]

諸藩は一方で、領内で十分に調達できない物産を三都あるいは上方で調達する必要があった。その代表が呉服や鉄砲などの武具であり、呉服は京都で、鉄砲も堺や近江など畿内近国でおもに生産された。また藩は、江戸での儀礼や交際、藩邸[59]の維持費用、幕府の普請役など、領外でかなりの現金支出を要した。火災など臨時の支出も多く、十七世紀末までには多くの藩で財政難に直面することになる。

仙台藩は江戸へ大量の米を廻し、近世中・後期には年二〇万石ほどに達し、諸大名中最大のシェアを誇った。蔵入地や家臣知行地の年貢米だけでなく、百姓の作徳米を藩が独占的に買い集めて出荷していた。これを「買米制」とよんでいる[60]。いわば米の専売(専買)制である。仙台藩は特産品に乏しく、財政上、米に強く依存していた。藩領が豊作で西日本が飢饉であるような年には、米の販売で莫大な利潤を上げることができたが、それは稀であり、過剰な家臣団を抱えたこと[61]にもよって近世初頭から財政難に苦しんだ。

仙台藩と京都・江戸商人

仙台藩と三都商人との結びつきの端緒については、次のような話が伝わる[62]。豊臣政権期の文禄年間に伊達政宗が伏見に詰めていたとき[63]、黒田長政(豊前中津城主)に対して、「(貴方は)上方に出入町人が多く、御用が賄えてうらやましい」と話したら、そのうち京都在住の大文字屋宗怡《そうい》という者を紹介してくれた。彼は政宗にお目見えし「呉服御用」を務めるようになったという。また大文字屋は、大坂の陣の際、俄のことで軍資金に不足した政宗に、有り合わせの金三〇〇〇両を調達したという。二代藩主忠宗の代（一六三六～五八年）には、大文字屋三代目三郎右衛門良怡に、八万八七〇〇両の借財のうち一万両を返済し、残りを免除させたという。近世における伊達家と京都商人との関係が何に発端を有するか、よく示すエピソードである。当時は京都に資本が集中していた。

藩の財政・出納を統括する出入司《しゅつにゅうつかさ》が、元禄三（一六九〇）年に記した意見書にも、次のように記されている。[64]①二代忠宗の代に、大文字屋と阿形という商人からの借財を帳消しにしたと伝えている。忠宗他界時には債務残高は四万両ほどに減っていた。②三代綱宗の代（一六五八～六〇年）の最後、江戸小石川普請（神田川拡幅工事）の節には上方でも借金したが、過半は綱宗が糸屋与四郎に小石川の小屋で直々に要求して調達した。③四代綱村の代（一六六〇～一七〇三年）、蔵元は、糸屋良西→大文字屋良怡→大文字屋宇右衛門・阿形甚兵衛→大文字屋、等と変化した。④小石川普請以来、増えていた借財は、寛文七（一六六七）年に三万八〇〇〇両ほどに減ったが、同十二年には借金高・買掛あわせて二〇万両余となり、徹底した簡略（倹約）を命じた。これで少し借金が減少したが、その後また増加した。⑤京都での借金は遠方で利息が無駄にかかるので、江戸で金主を探して河村瑞賢からも借金をした。

このうち阿形は、三井高房が享保十三（一七二八）年に著した「町人考見録」[65]によれば、もと江戸の商人で、日光東照宮普請や奥州延沢（山形県尾花沢市）の金山で儲け、江戸でも仙台藩邸へ金銀の御用達を務め、明暦大火（一六五七年）以降、京都へ引っ越し、仙台藩に深入りするようになったという。甚兵衛の代に身上をつぶして仙台に引っ越し、知行五〇〇石を与えられ、家中に加えられたという。大文字屋は下って宝暦元（一七五一）年に破産してその後、やはり仙台藩士となった。[66]以上は、大名の資金調達のあり方をよく示し、江戸が幕府の膝下として発展するとともに、仙台藩が金主を京都商人から江戸商人に替えていった過程が明らかである。

仙台藩と大坂商人

ところが、仙台藩は宝暦七(一七五七)年に至って大坂で借財を始める。地理的な便宜から当然、江戸へ廻米していた同藩が、なぜ大坂で資金を調達することになったのだろうか。

宝暦期から仙台藩へ金を調達し、寛政十一(一七九九)年に蔵元になったのが大坂の升屋平右衛門であり、その番頭小右衛門(山片蟠桃)が升屋の身上を大きくした立役者とされている。升屋は他に南部藩・白河藩・川越藩などへも出入した。この升屋小右衛門について記した海保青陵著「升小談」「稽古談」は、大坂が大名金融市場として発達したことを以下のように描写している。[67]

・升屋小右衛門の工夫で、〈文化五〈一八〇八〉年から〉仙台藩は米札を発行し、正金を少しずつ領内から回収して大坂へ取り寄せ、大坂で利殖し、古借金の返済に充てている。

・大坂の町人は貸した金を元利そろえて残らず取り立てようとは考えない。一割の金を貸して一〇年間、利子を取れば、元金は回収できる。大名から金主への扶持米や進物も元金とみなして計算している。一方で江戸はこれらを元金とみなさず、金の貸し借りが下手である。

・本来、江戸の伊勢町・本船町は仙台米を取り扱ってきたので、仙台の金は両町へ取り寄せてもよかったはずだが、「金ノ理ニ疎キ故」、また商人(金主)たちが一致しないので大坂へ取られてしまった。江戸金主は結束しないので一〇万両の調達はできない。

・升小が仙台藩の大身上を丸ごと引き受けて預かっているが、大坂の金主にはこうした大豪傑が多い。藩とその城下の町人とは丸ごと会計を預かるような関係にはならない。遠国だからこそ、升屋もコンサルタントとしての努力をし、仙台でもその助言を守るが、城下・領内の商人ではそうはいかない。大名が常住する江戸も同じである。

・大坂には大名の「米切手」「空米先納」(先物取引)のほか、両替商相互の「振手形」流通、「振込金」[68]などの「通用の財貨」が発達している。一方、仙台など「江戸より東北」はみな江戸風で、算用に疎く大雑把である。

こうした考えに立って、別の著作では「凡ソ御存ジノ通リ、大坂ハ日本国中大名ノ台所」とも述べている。[69]大坂では、城下町や、総城下町としての江戸とは異なって、経済合理性、金融・信用創造のシステムが発達したとしている。なお「東北」という地域名の初見は、戊辰戦争中の慶応四(一八六八)年七月頃に新政府の参与木戸孝允が書いた「東北諸県儀見込書」とされているが、[70]ここで青陵が「江戸より東北」という言い方を二度、記していることは、「東北」の語源として興味深い。

さて、升屋の才覚にもかかわらず、仙台藩の借財はこの後も膨らみ続け、天保五(一八三四)年に大坂御館入中からの借財が五〇万両に達し、升屋は藩を痛烈に批判して蔵元を辞退するに至る。仙台藩はこの後、城下の豪商(多くは近江商人)へ財政的な依存を深めてゆくことになる。[71]

商人仲間の公認と問屋の新設

さて、宝暦九(一七五九)年、仙台城下大町の絹布・繰綿・小間物商人が、不商いになったために、絹布仲間を中心として三仲間を結成して藩に訴願を行った結果、上方や関東から直仕入をしたい場合は、大町に店を出して仲間に加わるようにという触を出させることに成功したようだ。そのため、関東や仙台他町の商人が何人も大町に店を出して仲間に加入していることがわかる(『仙臺市史9』五四八・五四九号)。こうして大町に店を持つ商人の特権的な仲間が成立した。宝暦五(一七五五)年に仙台藩領は大凶作に見舞われ、翌年には江戸の二屋敷が火災に遭うなど、財政はいっそう逼迫し、同九年には家中を救済するため、金利引き下げ、利息の相対済まし、古借金の利息減免、分割返済時の規定額引き下げなど、債務者を保護し、債権者に無理を強いる金融の改革を行ったが、[72]それと引き換えに、訴願に応じて商人の仲間を公認し、商業特権を強化したわけである。

宝暦十三(一七六三)年には、絹布・小間物・繰綿・薬種・木綿・古手の六つの商人仲間の連合体である「六仲間」が史料に初めて出現する。その史料では、江戸日本橋の飛脚問屋嶋屋佐右衛門が仙台まで月三度の飛脚を走らせるので、仙台の宿である三木屋四郎兵衛が、その代理店として六仲間の金銀・荷物運送を請け負い、仲間外よりの買い物、仕入れを取り次がないよう吟味することを誓約している(同五五四号)。実際には海運の発達もあって、藩や六仲間による流通統制には限界も大きかった。

明和六(一七六九)年には、大町がこれ以上衰微しては見苦しいという理由で、藩は訴願を容れて城下以南の藩領域(南郡)でも他領からの直仕入を禁止したが、同九年には解除した。その際、代償として南郡の商人が仕入をする際に賦課される「入仲役」を大町の者たちに下付することにした(同五六一・五六四号)。こうして大町⇒「六仲間」の特権は藩政末に至るまで維持されることになる。

一方、六仲間が扱った品目以外では、延宝期(一六七三〜八一年)以前に穀物問屋・肴宿(のち五十集《いさば》問屋とよばれる)があり、「御塩問屋」も古くからあったようだ。延宝期にはたばこ問屋や紙問屋も公認された。そして十八世紀半ばになると、新たな品目について藩が問屋を任じるようになる。[73] 寛保三(一七四三)年には肴町の者を蝋問屋に、仙台車地蔵と気仙沼の者を魚油の問屋に、宝暦十(一七六〇)年には南町の者を蚕種の問屋に、翌年には肴町の者を紅花問屋に任じている。魚油問屋の場合は、油の払底をうけて移出統制のため、蚕種問屋の場合は運上を条件に請け負わせている。天明元(一七八一)年には、商人らに資金を出させて海産物等を買わせ、藩の品物として移出する国産仕法を開始し、在方にも産物問屋が指定されていった。

天保十(一八三九)年には、生糸・紅花の積極的な他領出しを計って、中井新三郎・佐藤助五郎ら城下の豪商を生糸・紅花の問屋に任じ、買い集めを独占させている。彼らは六仲間のメンバーでもあり、升屋に代わって上方での藩の借財を引き受け、資金調達に尽力し、藩と深く結びついていった。佐藤は献金によって藩士に列しており、この後、郡奉行から出入司に進むことになる。中井は近江商人の豪商で、安政期には蔵元に就任し、藩財政の賄を一手に引き受け、領内の産業において広範な権利を握るようになる。

江戸における問屋仲間と幕府

仙台藩の商業政策が、基本的に財政窮乏を背景として、商業上の特権を仲間もしくは問屋に付与するものになったことをみてきた。これを幕府／江戸の場合と比較してみよう。江戸でも、上方商人が多く進出し、商業の種類と結びついた町の枠組みに規定されて商人仲間が形成された点は同じである。ただ、店借・店衆としての定着はかなり早かった。

江戸での商人仲間の連合体として代表的なのは、元禄期に結成された十仲間・十組問屋である。十仲間を構成したのは、室町の塗物問屋、通町の畳表問屋や小間物問屋、大伝馬町の綿問屋や薬種問屋など、上方に本店か仕入店を持ち、そこで仕入れた商品を輸送して、江戸の店で販売する商人たちの仲間であり、多く町ごとに結集していた。彼らは上方から船で荷物を積合い運送したが、難船の際の処理や勘定を船問屋に委ねてきたため損失が大きかった。そこで元禄七(一六九四)年、大坂屋伊兵衛が主導して、海難に共同で対処し、廻船を支配することを目的に、一〇の商人仲間の連合体である「十仲間」「十組問屋」を結成した(74)。仙台の場合も、塩竈・荒浜(亘理町)・石巻を外港として舟運・廻船を利用したが、湊を持つ江戸と比べると間接的であり、それを掌握するに至らなかった。また陸付の比重も高く、飛脚との関係が重要だったとみられる。

一方、江戸幕府は、享保改革に当たって、享保六(一七二一)年に「新規仕出し物」の禁止を命じた。新しく流行のファッションを創り出したり、工夫をこらした新商品を売り出したりすることを取り締まったのである。そのために呉服・太物などの衣類、小間物・履物・たばこ入れなどの手回品、塗物・金具などの調度品、煎餅・飴などの菓子類、人形などの総じて奢侈品(表3の品目に類似する)を扱う商人・職人に商品別の仲間を結成させ、仲間内で相互に取締りをさせた。同九年になると、「米価安の諸色高」が深刻になったのをうけて、物価高をコントロールすべく、木綿・繰綿・水油・魚油・味噌・塩・炭・薪・酒・米・銭などを扱う問屋の組合を定め、江戸への入荷を詳細に把握しようとした(75)。

仙台藩は奢侈品の規制や商品の移出入については、口留番所で規制する方法をとっていたが、江戸の場合は、浦賀番所・中川船番所等での船改めのほか、以上のように問屋や商人らの組合編成による統制という方法をとった。仙台藩のように財政難から商人に特権を付与したわけではない。幕府の場合は、元禄期以降、貨幣改鋳を繰り返して改鋳益を得たこともあり、窮乏したとはいっても、藩財政に比べると段違いに余裕があった。一方で、江戸では物価のコントロールがより深刻な問題になった。

文化十(一八一三)年、十組問屋仲間の有力者杉本茂十郎の主導で、同仲間は一万二〇〇〇両の冥加金を上納する株仲間(菱垣廻船積問屋仲間、六五組、一九九五株)となることを幕府から認められた(76)。幕府にとっては大きな収入ではなかったが、問屋仲間商人は、株札の交付をうけ、独占権を保障されて、江戸への自由な販売をめざす在方荷主らの活動を抑制した。仙台ではこうしたメンバーを限定した〆株の仲間は編成されなかったが、藩によってはそうした対応・政策をとることもあった。

問屋仲間の解散

天保十四(一八四三)年九月、仙台城下東昌寺門前の菊田源兵衛が、「志願金」納入を条件に、太物・古手・呉服等を同所で直仕入商売したいと願い出た。この風聞を聞きつけた六仲間は、大町検断青山五左衛門らに対して、歴代の由緒や調達金の実績を強調し、源兵衛に対抗して献金したいので、彼の志願金の額を聞かせてほしいと願い出た。結局、六仲間は、冥加のため国産方へ為替金になっている分（正金二五〇両）をあわせて六五〇両を献金することで、従来通りの権益を藩から認められた（『仙臺市史9』五九七号）。

ここで気になるのは、天保十二（一八四一）年十二月以降に出されている幕府の株仲間解散令との関係である。すなわち幕府は、物価騰貴の原因を問屋仲間にあるとみなして、菱垣廻船積問屋仲間を廃し、その他すべての問屋仲間・組合を禁止する旨、江戸町中に申し渡した。翌年三月にそれを徹底する触を出し、問屋の名称も一切禁止した。(77) その触に添えて「別紙触達之趣在(者)江戸町々(中計之)事には無之、諸国共同様に候間、商人共心得違無之様、佐州表者勿論、其外何もより相達可然向も候はゞ、不洩様早々可被相触候事」という指示を出していることから、(78) 解散令は全国の問屋仲間・組合に適用され、全国各地の仲間組織の解散を命じたものとされている。(79)

仙台の菊田源兵衛もそれをうけて出願したのかもしれないが、解散令が全国令だったとすると、六仲間（問屋とも称している）が従来通りの特権を確認されたことはどう理解すればよいだろうか。あるいは同令は藩領にも施行する意図だったが、不徹底に終わったとも解釈されてきた。(80) ただ、同令はそもそも、老中水野忠邦が（江戸）町奉行に出させた町触を、大目付へも渡して「向々（関係方面）江可被相触候」と指示したものである。それが廻状で諸藩へも伝達されたが、たとえば備後福山藩では「右之通、従公儀被仰出候付、承知のため触置候、尤爰元ニ而者是迄之通相心得可申候」(81) と、公儀の法を参考までに伝達したが、藩内ではこれまで通りと宣言しており、株仲間を解散させた形跡はない。一方、加賀金沢藩では、一足早くすでに天保八（一八三七）年十二月には新規の株立運上を差し止め、多くの株仲間を解散（株解《かぶとき》）してしまっている。(82) もちろん幕法を領内で導入・採用した藩もあった。

解散令に添付された「諸国共同様」の指示は、幕府の遠国奉行（引用では佐渡奉行）に対して出されたものと考えられ、(83) 諸藩領に遍く施行を命じたものではない。それに対して、たとえば同十三年の人返令の場合は、そもそも大目付に対して「右之趣、万石以上・以下、領分・知行・給知有之面々幷寺社之向江も不洩様可被相触候」と指示し、全国への触であることを明示している(84)。

さらに検討を要するものの、商人・問屋仲間に対する政策自体が領主ごとに独自のものであった以上、それを幕府が一律に解散させようとしたとみるのは不自然である。もちろん、日本近世における三都の役割の巨大さを考えれば、幕府が直轄地の問屋仲間を解散させたことは大きなインパクトを及ぼした。また全国令という意味では、同じ天保十三(一八四二)年に藩専売を実質的に禁止する触(85)を全国へ出していることが重要である。ただ、蔵物の販売自体は幕藩制下における藩のオーソドックスな行為であって、藩専売を禁止することは不可能に近く、それこそ命令は不徹底に終わっただろう。

おわりに

幕府や大名はその膝下、城廻領では城下町方・在方の社会・経済を強力に編成・統制しようとした。一方で幕藩体制は、そうした領主制の規制の弱い非領国地帯を不可分に生み出して抱え込んだ。とくに大坂を中心として市場経済が自律的かつ顕著に発達し、次第に列島全域をその渦のなかに巻き込んでいった。そのなかで財政難に苦しんだ幕藩領主も様々な方策、たとえば専売制や問屋仲間の編成などで市場経済に対応し、それを統制しようと試みたが、当然ながら矛盾も深まっていった。こうした全体の構造やその推転をみて、部分的・一面的な評価に陥ることなく、近世社会の特質の認識を深めてゆくべきだろう。

本稿は大雑把な検討に終始したが、地域や地方の側から、幕政や中央の動向を相対化してみることにも一定の意味があることは示せたと思う。こうした方向を進めることで、中央の動向を表面的に描く通史を脱して、地域の動向を包摂した全体史的な列島社会の通史を描くことに少しずつでも近づけるのではないだろうか。

本稿では「江戸より東北」の経済を中心にみてきたが、対比的にいえば「大坂より西南」の地域については、非領国地帯・領国地帯ともに検討できていない。大坂の市場経済に対する幕府の保護と統制の評価なども重要な問題であるが、本稿では不十分な論及に止まっている。今後の課題としたい。

(1) 保立道久『歴史学をみつめ直す』(校倉書房、二〇〇四年)など。
(2) たとえば、上念司『経済で読み解く明治維新』(ベストセラーズ、二〇一六年)。
(3) こうした動向の嚆矢は、速水融『近世日本の経済社会』(麗澤大学出版会、二〇〇三年)。論考の初出は一九七〇年代である。
(4) 仙台藩については、『仙臺市史1　本篇1』(仙台市、一九五四年、小林清治執筆)、近世村落研究会編『仙台藩農政の研究』(日本学術振興会、一九五八年、平重道執筆)、『宮城県史2　近世史』(宮城県史刊行会、一九六六年、佐々木慶市執筆)、『日本歴史地名大系4　宮城県の地名』(平凡社、一九八七年)、『仙台市史』(仙台市、一九九四〜二〇一五年)などに多くを学んだ。新旧の仙台市史を区別するため、旧版を『仙臺市史』と表記する。
(5) 小林清治『伊達政宗の研究』(吉川弘文館、二〇〇八年)二九七頁。
(6) 小林清治『奥羽仕置と豊臣政権』『奥羽仕置の構造』(ともに吉川弘文館、二〇〇三年)。
(7) 宮城県全域と岩手県南部、福島県の一部。このほか近江・常陸などに飛地あり。
(8) 牧原成征「兵農分離と石高制」『岩波講座日本歴史10　近世1』(岩波書店、二〇一四年)。
(9) 山本英二『慶安御触書成立試論』(日本エディタースクール出版部、一九九九年)、同『慶安の触書は出されたか』(山川出版社、二〇〇二年)。
(10) 本城正徳『近世幕府農政史の研究』(大阪大学出版会、二〇一二年)、同「「田畑勝手作の禁」の再検証」『日本史の研究』二五一号(『歴史と地理』六九〇、二〇一五年)。
(11) 「仙国御郡方式目」所収、『仙台市史資料編4　近世3　村落』(二〇〇〇年)二七〜二八頁。幕令は「御当家令条」所収、『近世農政史料集一　江戸幕府法令上』(吉川弘文館、一九六六年)七二〜七三頁。

(12) 前注11「仙国御郡方式目」所収、『仙台市史資料編4』三五〜三六頁。

(13) この規定は、享保十六(一七三一)年に若干、元文二(一七三七)年に事実上、大幅に緩和された。『宮城県史2』二八七〜二八八頁。

(14) 東京大学経済学部図書館・経済学部資料室所蔵土屋家旧蔵文書、土屋：二六：七。元禄五(一六九二)年正月、代官伊奈半十郎が支配下の村に、明暦三(一六五七)年以降の法令数通を写させ、毎月一度、名主の所に寄り合って読ませるよう命じたもの。その中に寛文十三(一六七三)年六月の分地制限令も含まれている。

(15) 寛文十(一六七〇)年には八〇〇人を超える扶持細工人・職人(作事方諸細工人、兵具細工人衆など)が藩に抱えられ、城下に居住していた。『宮城県史2』七六頁。

(16) 年代不詳だが、十七世紀末頃には「諸士諸家中幷御足軽等」のうち「在々ニ而硎鞘師・塗師・大工・木挽・鍛冶・室師・屋根葺等職仕候者」が主人家中のほか脇細工・商売室をしたら御役を負担させよと命じており(『仙台藩農政の研究』三六七頁)、在郷の給人家中や足軽が職人としての職分を勤め、彼らにも藩が職人役を課そうとしていた。役と身分とは対応していない。

(17) 『宮城県史2』三〇〇〜三〇一頁。

(18) 『宮城県史2』三一六〜三二一頁、五四一頁。

(19) 土屋喬雄『封建社会崩壊過程の研究』(弘文堂書房、一九二七年)五七一頁。

(20) 大野瑞男編『江戸幕府財政史料集成　上』(吉川弘文館、二〇〇八年)八〇〜八二頁。役金の具体的な制度は時期によって変化した。便宜的に、金一両＝銀六〇匁＝銭四〇〇〇文で換算した。

(21) 牧原成征「近世的社会秩序の形成」『日本史研究』六四四(二〇一六年)。

(22) 『会津若松史8　史料編I』(会津若松史出版委員会、一九六七年)三四二頁。

(23) 渡辺信夫『幕藩制確立期の商品流通』(柏書房、一九六六年)第六章。

(24) 『盛岡市史　第三分冊二』(盛岡市、一九六八年)一四〇〜一四一頁。

(25) 長谷川成一編『津軽近世史料1　弘前城下史料上』(北方新社、一九八六年)二八〜三一頁。

(26) 浪川健治『アイヌ民族の軌跡』(山川出版社、二〇〇四年)。

(27) 寛文二(一六六二)年に仙台藩は「商人荷物」の移出を留めており、注目されるが、それが何を意味するのかは未検討である。
(28) 鯨井千佐登「交流と藩境―動物・仙台藩・国家―」地方史研究協議会編『交流の日本史』(雄山閣出版、一九九〇年)。
(29) 以上、『仙台藩農政の研究』三二二頁。
(30) 著者不詳「上言」滝本誠一編『日本経済叢書八』(日本経済叢書刊行会、一九一五年)四九九～五〇〇頁。
(31) 明治二(一八六九)年四月、仙台藩代官演説書(『仙台藩農政の研究』二四九頁)。
(32) 『仙台藩農政の研究』三二三頁。
(33) 『宮城県史2』五四八～五四九頁。
(34) 中井信彦『転換期幕藩制の研究』(塙書房、一九七一年)一九二頁。
(35) 庄司吉之助編『会津風土記・風俗帳巻二 貞享風俗帳』(吉川弘文館、一九七九年)二一四～二一六頁。
(36) これは経世家海保青陵が十九世紀初頭、京都の呉服屋の手代＝「田舎メグリ買出シ方」が関東へ絹織物を買い付けにくる際のことを述べたものである(「御衆談」蔵並波省自編『海保青陵全集』〈八千代出版、一九七六年〉一三七～一三八頁)。
(37) 『宮城県史2』三〇六～三〇七頁。
(38) 杉森玲子『近世日本の商人と都市社会』(東京大学出版会、二〇〇六年)。
(39) 『宮城県史2』五七頁。
(40) 『仙臺市史1』二六三頁。
(41) 片倉比佐子『大江戸八百八町と町名主』(吉川弘文館、二〇〇九年)。門前町など個々には小規模な町も多かった。
(42) 渡辺浩一「仙台城下町の「表長屋」について」(『建築史学』二三、一九九四年)。
(43) 吉田伸之「元和六年「関東棚売商人共願状」について」同著『巨大城下町江戸の分節構造』(山川出版社、二〇〇〇年)。
(44) 前注(43)吉田稿。会津若松では、寛永期に商人司簗田氏が諸商人から役銭を徴収していた。
(45) 『宮城県史2』四七四頁、田谷博吉「江戸幕府御為替の仕法」(『同志社商学』二〇―一・二、一九六八年)七九頁。
(46) 前注(21)拙稿では、諸役運上が課された院内銀山町を、座公事(営業税)免除の城下町と対比的にとらえたが、東北の仙台などは城下町であっても税制は前者に近いことになる。

(47) 『仙臺市史9』(仙台市、一九五三年)五三〇号史料。『仙台市史資料編3　近世2』(仙台市、一九九七年)3号史料。
(48) 大石慎三郎『日本近世社会の市場構造』(岩波書店、一九七五年)三五～四〇頁。
(49) 金森正也『近世秋田の町人社会』(無明舎出版、一九九八年)、『日本歴史地名大系5　秋田県の地名』(平凡社、一九八〇年)。
(50) 牧原成征編『近世の権力と商人』(山川出版社、二〇一五年)1章・2章。
(51) 前注(47)に同じ。この段階における状況は必ずしも判然としない。
(52) 役金には棚役と振売役とがあり、前者は商いをする町の場所柄(上場所・中場所・下場所)によって額に差を設けている。古手には辻棚役もあって、商人らが路上に売場を出す形態があった。振売には藩への役も継続して賦課された。また穀物には問屋役が、肴には宿《やど》役があり、これらの食品では問屋や宿という業態が商人一般とは区別されている。田町の場合は、一足先に「売り散らし」になって、仙台町惣紙商人たちから一年に金一五〇両を田町に出すようになっていたため、その紙役を取り集める役人である南町次郎左衛門と柳町惣兵衛の二人を町奉行が正式に紙問屋に任命し、それまで通りの取り立てがあらためて命じられている。
(53) 『宮城県史2』四二五頁。
(54) 古手については、享保十四(一七二九)年に、在々の商人は大町一丁目へ上ってそこで売買するようにという命令を再確認している。『仙台藩農政の研究』三三二頁。
(55) 『仙臺市史1』二三五～二三八頁。盛岡でも同様だった。
(56) 大坂商人の尾張屋太兵衛の例が、渡辺英夫『東廻海運史の研究』(山川出版社、二〇〇二年)第六章にある。近江商人は松前・蝦夷地にも多く進出し、鯡・鮭・鱈・昆布・俵物等を集荷するようになる。
(57) 『宮城県史2』五五頁、四九二～四九三頁。
(58) 宮本又郎『近世日本の市場経済』(有斐閣、一九八八年)。
(59) 仙台藩は慶長六(一六〇一)年、桜田(上屋敷。のち麻布に替地、下屋敷に)、芝口(寛文以降、上屋敷)、愛宕下(中屋敷)に屋敷を拝領し、他に品川に下屋敷、深川に蔵屋敷を有した。
(60) 以下、前注(4)の諸文献のほか、前注(19)土屋書。
(61) 元禄八(一六九五)年における仙台藩奥州分の総人口は八〇万人余で、うち家中人口が二〇万五〇〇〇人を超えている(一関田村家分を含む)。『宮城県史』五七頁。

(62) 萱場木工氏章「古伝密要」(寛政九〈一七九七〉年)『仙台叢書四』(仙台叢書刊行会、一九二三年)。

(63) 政宗は文禄の役に出兵するが、文禄二(一五九三)年閏九月中旬に京都に戻り、同四年四月まで上方に滞在した。同年七月に関白豊臣秀次が秀吉によって自殺に追い込まれる事件がおきると、秀吉・秀頼への忠節を示すため、家老の妻子を上京させ、伏見に家中ともども屋敷を拝領し、長く上方に滞在した(『宮城県史2』三二一〜三五頁)。

(64) 『大日本古文書　伊達家文書之十』(東京帝国大学文科大学史料編纂掛、一九一四年)三三六二号。

(65) 中村幸彦校注『日本思想大系59　近世町人思想』(岩波書店、一九七五年)一八四頁。

(66) 『宮城県史2』五八九〜五九〇頁。

(67) 前注(36)『海保青陵全集』所収。

(68) 他の銀主、儒者・医者・絵描き、「近所の裏家・背戸家のジジババ」までが「閑暇ノ金」を両替屋に持参して預け、利息収入を得ているとされている。

(69) 「綱目駁談」前注(36)『海保青陵全集』二二〇頁。「天下の台所」という表現は、幸田成友が『大阪市史二』(一九一四年)で初めて用いた言葉だという。野高宏之「「天下の台所」と「大大阪」」(『大阪の歴史』七〇、二〇〇七年)。

(70) 岩本由輝『東北開発一二〇年　増補版』(刀水書房、二〇〇九年)一一頁。

(71) 『宮城県史2』六四九、六五五頁。

(72) 吉田正志『仙台藩金銀出入処理法の研究』(慈学社出版、二〇一一年)第三章。

(73) 以下、『宮城県史2』五四二〜五四八頁、『仙臺市史1』四四三〜四六二頁。

(74) 林玲子『江戸問屋仲間の研究』(御茶の水書房、一九六七年)五六〜七一頁。なお当該期に江戸で、こうした商人たちが「問屋」を称するようになった事情については、前注(50)『近世の権力と商人』第2章で検討した。

(75) 以上、前注(74)林玲子書、七三〜八七頁。

(76) 賀川隆行『近世江戸商業史の研究』(大阪大学出版会、二〇一二年)三〇四〜三〇七頁。

(77) 以上、石井良助・服藤弘司編『幕末御触書集成　第五巻』(岩波書店、一九九四年)四二五三号・四二六三号。

(78) 大蔵省編纂『日本財政経済史料　巻三』(財政経済学会、一九二二年)八〜九頁。
(79) 藤田覚『天保の改革』(吉川弘文館、一九八九年)一四七頁。山口啓二『鎖国と開国』(岩波書店、一九九三年)二七七〜二七九頁。
(80) 津田秀夫「天保改革の経済史的意義」古島敏雄編『日本経済史大系4　近世下』(東京大学出版会、一九六五年)三二三〜三二九頁。
(81) 『広島県史　近世資料編Ⅴ』(広島県、一九七九年)七八三号。
(82) 田中喜男『近世産物政策史の研究』(文献出版、一九八六年)一八〇〜一八五頁。
(83) 大坂では「右之通、従江戸表被仰下候条、右御触達之趣者、江戸中計之事ニハ無之、諸国共同様ニ而」心得違いのないように、触れられている(『大阪編年史　第20巻』大阪市立中央図書館、一九七五年、一五七〜一五八頁)。浦賀奉行へも同様の指示がなされた(『大日本近世史料　諸問屋再興調五』東京大学出版会、一九六三年、三二八頁)。
(84) 前注(77)『幕末御触書集成　第五巻』四七六七号。
(85) 前注(77)『幕末御触書集成　第五巻』四二八八号。

〔付記〕

本シンポジウムをコーディネートした高埜利彦氏からは、(吉田伸之氏に、身分的周縁を含む身分制論、村と町、小経営生産様式などについて分担を依頼するので)、私にはたとえば商品流通・商業の発達が社会の変容・矛盾をもたらすというような社会経済の展開について話すようにと依頼された。大会当日には本稿の「はじめに」で記したような趣旨で、多くの著作を引用しつつ、様々な論点にわたって話したが、原稿化することは想定しておらず、それにふさわしい内容ではなかった。そのため、本書の企画段階で、そのまま掲載するのではなく、趣旨をふまえて新しい原稿を寄稿することをお許しいただいた。

北海道での研究会の後、九月に宮城県高等学校社会科(地理歴史科・公民科)教育研究会において、「仙台と江戸、藩政と幕政」というタイトルで講演をした。北海道での講演の趣旨やそこで考えたこともふまえて、具体的な地域・素材に即して近世社会経済史のとらえ方を話したものであり、本稿の本論はその内容をベースに構成することにした。そのため本稿は、講演―③とされているものの、本論は北海道での講演内容ではなく、質疑応答のまとめとも一部、噛み合わない部分があるが、読者および北海道高等学校日本史教育研究会の皆さまにはご了解をお願いしたい。北海道と仙台とで貴重な機会をいただいたことに深く感謝申し上げます。

講演―④

北の「異国境」――幕府外交の転換とアイヌ史上の画期――

谷本晃久

はじめに

想定外の「異国」

いわゆる「鎖国」と呼ばれる近世日本の外交体制は、十七世紀前半（寛永年間）に確立されたそれとして理解されている。それ以前は、〝初期外交〟などと称され、朱印船貿易が盛んな時期。十九世紀中葉以降はペリー来航に端を発する「開国」の時代、というのが一般的な年代観といえるだろう。

「鎖国」の時代の外交体制については、荒野泰典による秀れたシェーマである「四つの口」論[1]による理解が一般的だ。このうち、「異国」に即した三つの窓口は、十七世紀の時点では九州地方に限定されていた。隣国たる中国をはじめ、朝鮮・琉球といったアジア諸国やヨーロッパ諸国は、いずれも東シナ海方面から来航するのが当時の通例だったから、それも当然である。「異国」は九州方面で管轄すべきなのが、十七世紀の状況であった。

ただし、それから二〇〇年である。松尾晋一が『江戸幕府の対外政策と沿岸警備』（校倉書房、二〇一〇年）で論ずるように、状況は不変であり得るはずもない。二〇〇年の間に、日本を取り巻く国際情勢は大きく変化している。北に現れたロシアは、その象徴である。ロシアがシベリアを東進し、先住諸民族との接触と征服を重ねつつ、カムチャツカからアラスカ、千島列島へ進出し、ついにヱトロフ(択捉)島の東に接するウルップ島に至ったのが、一七六六(明和三)年のことである。ロシアはキリスト教(ハリストス正教会)を奉ずる国家である。一七〇三(元禄十六)年にはバルト海に面するサンクトペテルブルクが建設され、以後、海軍を擁する列強として成長していくことになる。日本からみれば、邪宗門を奉ずる「異国」が、十七世紀には想定外であった北方に、十八世紀後半になって立ち現れることになったのである。

ロシアだけではない。北海道島やサハリン(樺太)島周辺の海域は、西洋世界にとって最後の地理的空白地帯(テラ＝インコグニタ)でもあった。シーボルトが間宮林蔵の地理的成果(間宮海峡の確認)を重要視し西欧世界に紹介したのも、そのためである。産業革命を経て経済・政治・軍事的力量を備えたイギリスやフランスの地理学協会や海軍は、この地の測量を試みようと艦船をたびたび派遣した。これも十七世紀には想定外の、北からの「異国」の姿である。

先住民族史との対話

想定外は、「新世界」の変容にも認められる。北米大陸にあっては、アメリカ合衆国の独立宣言が一七七六(安永五)年、合衆国憲法の発効が一七八九(寛政元)年である。以後、ミッションとしての「西部開拓」の名の下に、先住諸民族との接触と征服を重ねつつ、一八四六(弘化三)年には太平洋に面するカリフォルニアを領有した。オーストラリア大陸にあっては、クックによる大陸東南部の英領宣言が一七七〇(明和七)年、以後先住諸民族との接触と征服を重ねつつ、一八二七(文政十)年には大陸全土が英国領に包含され、六つの植民地が置かれた。米豪の捕鯨船が十九世紀以降、蝦夷地を含む日本列島太平洋岸に接近する例が少なくないのは、こうした国際情勢の変化を背景にみなければならない。

つまり、十八世紀後半から十九世紀初頭にかけて、十七世紀には想定されなかった「異国」の北からの接近がみられ、幕府はそれへの対応を迫られた、という点が、近世日本の政治外交史のうえで、注目されるのである。また、それに伴って、「蝦夷」の地であったはずの地域に、「異国境」を認識・設定せざるを得ない状況も、政治・外交史的、地域史的に、注目されるのである。

ところで、いま述べたように、こうした世界情勢の変容は、欧米列強による先住諸民族との接触と征服を伴って進められていることがわかる。翻って蝦夷地である。蝦夷島・サハリン島・千島列島の先住民族は、アイヌである。サハリン島にはこれに加え、ウィルタやニヴフがおり、さらにウリチ(山丹人)の往来もみられた。千島列島のウルップ島には、露米会社に伴われたアルーティック(コニアグ＝エスキモー)の存在もあった。とりわけ、このうちアイヌの人々の生活は、「異国境」の設定によって大きく変化したといわなければならない。「征服」という側面でいえば、オーストラリアのタスマニア島先住民と同様、その文化伝承者を永遠に失うこととなった千島アイヌの歴史における画期は、その要因の端緒をこの時期にみなければならない。むろん、巨視的にアイヌ史をみた場合にも、この時期は政治・経済的に国家を形成した社会や資本に、アイヌが少数者集団として包摂されていくうえでの画期としてみることができる。つまり、千島アイヌのみならず、北海道アイヌ・樺太アイヌの歴史にとっても、この時期の持つ意義は大きいということである。「異国境」の設定は、十九〜二十世紀に二転三転した、この地域をめぐるアイヌの強制移住を伴う日露(ソ)間の国境の変遷の嚆矢とみなければならないからである。幕府が外交の転換を迫られた状況は、同時にアイヌ史的にも大きな影響を及ぼしたのである。

以上のような関心に基づき、表題に掲げた課題につき、考えをめぐらせていきたい。

1　「蝦夷」という語の意味と「蝦夷地」の先の「異国境」

「蝦夷」の語義

ここでは、「蝦夷」という語の意味につき、改めて自覚的に確認をしておきたい。[2]「蝦夷」とは、いうまでもなく、古代以来用いられてきた日本語である。古代には「えみし」とよまれるのが一般的で、中世以降は「えぞ」とよまれるのが一般的だ。関東・東北地方以北の住民を、奈良や京都の朝廷から呼んだ蔑称である。それが民族集団を指した呼称か、方民(朝廷に服属しない辺境の民)を指した呼称か、という議論がある。児島恭子の整理するように[3]、本来的に認識論に基づいた呼称であり、必ずしも両者の弁別を意識した用語ではないとみてよいだろう。一方、近世にあって「蝦夷」は、アイヌを指す用語にほぼ収斂されているのも、児島の整理する通りである。

「蝦夷」の「夷」は、中華思想に基づいた蔑称である。中華の周縁に住まう、文化を弁えない集団を指す、東夷・西戎・南蛮・北狄の一つである。中国からみて日本列島は東の辺地である。古代中国の文献の一つに『後漢書』があるが、日本の記述(「倭」の条)がそのなかの「東夷伝」のうちに含まれているのは、こうした蔑視が反映されている。古代日本は国家の体裁を整えるためにもこうした認識を取り入れ、東北方面のまつろわぬ人々を「夷」とみなし、それが前近代を通じて用いられ続けたのである。つまり「夷」とは、東の野蛮人、という意味を帯びる。

それでは、「蝦夷」の「蝦」はどうか。「蝦」は訓よみでは「えび」となる。かつて金田一京助は、アイヌの成人男性の美髯・長髯を尊ぶという伝統的な価値観を踏まえ、「蝦夷」の「蝦」を〝エビのような長い髯〟という意味に解釈した。[4]その当否は判断しかねるが、これを援用した場合、「蝦夷」とは〝エビのように髯の長い東の野蛮人〟という意味となる。まさしく蔑称であり、これを日本社会は前近代を通して用い続け、近世以降はアイヌの人々やその言語・文化を、こうして劣位にみなしたのである。

現在でも、「蝦夷」という語を用いる企業や飲食店は少なくない。むろん、こうした語義を意識して用いているわけではないだろうが、本来の「蝦夷」の意義を批判的に自覚しておくことは、アイヌ民族を先住民族として認識し、その言語・文化・歴史等が尊重されるべき現代日本社会にあって、素養として求められるのではないだろうか。

「蝦夷地」の広がり

さて、翻って「蝦夷地」である。「蝦夷地」とは、「蝦夷」の住まう地、という意味を持つ。「夷」は中華思想における「華」の文化に浴さない東の野蛮人である。従って「夷」の地は、理念的には無限に広がっているはずである。十七世紀初頭に徳川将軍が松前氏を大名として編成し、松前の排他的港湾検断権(実質的には蝦夷島における交易独占権)を軸とした領主権を安堵したのちには、松前領の東西に連なる地は東蝦夷地・西蝦夷地とみなされ、領分は擬制的に奥州松前となぞらえられた。

このうち西(日本海岸・オホーツク海岸)の先には宗谷海峡(ラ゠ペルーズ海峡)を挟んでサハリンが、さらに間宮海峡(韃靼海峡)を挟んでアムールランド(山丹地)が広がっている。アムールランドの南は満洲族の故地であり、つまりは後金朝、次いで清朝の発祥地である。十七世紀前半の明清交替前後には、西蝦夷の先に韃靼国の存在が意識され、十九世紀に入ると間宮林蔵がアムールランドを踏査し「天朝の官吏」たる「満洲夷」の存在を報告している。[5]「蝦夷」の先の「天朝」たる清朝の存在を、ヴェールの先に透かして見てはいたようなのである。しかしながら、この地域で彼我を結んでいたのは国家ではなく、交易の民としてのウリチ(山丹人)による中継交易、すなわち山丹交易であった。[6]樺太アイヌの家に伝わった十八世紀の文書の一つには、清朝の出先機関から、南にある「西散大国」の情報を知らせよとの指示が記されている。「西散」とは唐音でシーサン(xī sān)と読めばアイヌ語のシサㇺ(sisam)の音に通じ、隣人(和人)を指す。[7]日本と同様に清朝もまた、この時期この地域にあって日本゠異国の存在を意識しながらも、必ずしも正確に認識していたとはいえないのである。

一方、東(津軽海峡・太平洋岸)である。その先には「奥蝦夷」「おお下《しも》」などと称された地域が連なり、エトロフ島より先は千島アイヌの世界である。これまで述べてきたように、十七世紀はおろか、十八世紀に入っても、当分は「異国」の影がなく、「極北」[8]などと表現された文字通り「夷」の地が広がっていた。やや時代は下るが水戸の徳川斉昭がカムチャツカを「蝦夷地」とみなし、その領有を唱えたのも、故なしとはしないのである。近藤重蔵が警鐘を鳴らしたように、「夷」の地であったはずの千島列島が邪宗門を奉ずる「異国」たるロシアに次々と「併呑」され、「蝦夷人」であったはずの千島アイヌが編成・教化されていき、気が付くとウルップ島に至っていたのが十八世紀以降の状況であった[9]。

のちに触れるが、十八世紀にみられた山丹交易と、ロシアによる対アイヌ(南千島・根室・厚岸方面を含む)交易とについては、松前藩がこれを禁じた形跡はない。一方、その存在、とりわけ後者を幕府へ正式に報じた形跡もまたない。松前藩は、清朝・ロシアと直接公的な取引はしないものの、ウリチや樺太アイヌ、千島アイヌや国後・根室・厚岸アイヌといった「夷」とみなした集団を中継者とすることにより、時代の変化に応じた実質的な交易ルートを構築していたものとみてよい。

有限な「蝦夷地」

先に述べたように、十七世紀初頭に安堵され想定された交易の現場は松前であり、そこに集うアイヌの船と日本の船との取引(城下交易)に関する検断権が近世大名松前氏=松前藩の再生産基盤であった。その意味で、荒野泰典が「四つの口」の一つに松前を位置付けたのは、モデルとして適切であったといってよい。しかし、その後寛文九(一六六九)年のシャクシャイン戦争を経て、蝦夷地各地の商場に交易の現場が移り、さらには十八世紀末に「異国境」が東(ヱトロフ島)と北(サハリン南部)とに認識・設定されることにより、奇妙なことに「蝦夷地」は有限の範囲となった。「異国境」の内なる「蝦夷地」の成立である。

この範囲は、幕末の日露通好(和親)条約の定めた国際法上の国境と合致している。「異国境」は事実上の国境として十八世紀末以降機能したわけであり、つまりは「松前口」の先の二つの口が事実上の国境となったという点で、この時期の画期性は際立つのである。そして「異国境」の内なる「蝦夷地」は、十九世紀前半を通じて、その全域に、いわゆる後期場所請負制が貫徹し、中継交易のプレイヤーとしての地位を奪われたアイヌ社会がその構造のなかに包摂されていく過程が確認されるのである。北米大陸やオーストラリア大陸の先住諸民族の経験した歴史との同時代的相似性は、決して偶然ではなく、今後、比較史的視点で本格的に論じられるべき課題であろう。

2　旧族大名による異国・異域との通交・交易

旧族大名と異国・異域

本節では、十七世紀に成立した「四つの口」[10]のうち、直轄港市たる長崎を除いた三つの窓口の共通性につき、触れてみる。荒野泰典は尾藤正英の役論を敷衍し、異国・異域を管轄する大名による対外通交・交易の実態を、徳川将軍家に対する特殊な軍役(家役)として捉え、「異国押さえの役」というタームにより国家論的に整理した[11]。ここでいう三つの窓口は、薩摩鹿児島であり、対馬府中であり、松前である。鹿児島の先には琉球国があり、対馬の先には朝鮮国があり、松前の先には蝦夷地がある。それぞれの窓口を領するのは、薩摩島津氏であり、対馬宗氏であり、松前氏である。島津氏は十七世紀初頭に、琉球出兵を徳川将軍から許され、その服属国化に成功し、対中国貿易ルートを手中にしてもいる。

この三つの大名には、共通点がある。いずれも、中世以来その地を領してきたという歴史的経緯がそれである。また、窓口の先の異国・異域との通交・交渉を中世以来担ってきた実績があり、それが徳川将軍家に安堵・公認されたことも共通している。「異国押さえの役」という理解は、この安堵に対する奉公の側面をうまく把握した表現である。近世大名の類別の基準には様々な指針があるが、松尾美恵子によると、中世以来の由緒を安堵され、とりわけ本貫地の継続知行を安堵された家を、「旧族大名」と分類する。(12) 薩長両藩をはじめ、平安時代以来の由緒を重ねる陸奥中村藩相馬氏など、東北地方や九州地方に目立つ。島津・宗・松前の各氏は、いずれも旧族大名に分類される。

異国・異域との通交・交易を担った大名のうち、肥前松浦氏など九州の大名は、長崎での対中国・ヨーロッパ(=オランダ)交易一元化によりその由緒が否定された。蝦夷地よりアイヌ船の往来があったと考えられる北奥の津軽・南部両氏も、松前での対蝦夷地交易一元化により、基本的に領内アイヌとの関係に収斂せしめられた。中世に松前氏(当時は蠣崎氏)を被官としていた秋田氏(当時は安東氏)は、豊臣期に蠣崎氏が独立し、家康期に秋田から内陸の常陸宍戸へ転封せしめられたことにより、十三湊以来の対北方交易の由緒は完全に否定された。他方、十七・十八世紀を通じて、新たに異国・異域との通交・交易を委任された大名はない。

このように、島津・宗・松前の旧族大名三家のみが、中世以来の由緒を安堵されるかたちで、異国・異域との通交・交易を担ったわけである。裏を返せば、三者いずれかの由緒が否定されることは、安堵された権益の正統性をゆるがすものとして映じたはずである。実際、十九世紀初頭に蝦夷地上知と松前氏の移封が政治課題として浮上した際に、島津氏や宗氏の対応を懸念する意見が述べられることになるのも、よく理解できるのである。

「旧家」としての松前氏

ところで、松前氏といえば、蝦夷を沙汰する無高の小大名として異端視される傾向が指摘されてきたが、(13)「旧族大名」としての由緒が江戸殿中で認識されていたことを示す事例がある。幕府の編纂した大名・旗本の系譜集である『寛政重修諸家譜』には、松前道広（明和～寛政期の松前藩主とは同名の別人）を祖とする旗本家に関する次のような記載がある。

　　松前

　家伝に、道広はじめ高橋を称し、のち文昭院殿《（徳川家宣）》の仰により、松前伊豆守嘉広が猶子となり、称号を松前にあらたむといふ。伊豆守嘉広は旧家松前八太郎忠広が家にして、其先は武田刑部大輔信頼より出たり。[14]

道広は徳川家宣の出頭人であったらしく、もと高橋姓であったとする以外、先祖や前歴に関する記載がない。家譜本文によると、家宣が将軍世嗣として西丸にあった宝永四（一七〇七）年に「めされて文昭院殿に附属せられ」、西丸土圭間番から御小納戸格を経て正徳期には三〇〇俵を取り将軍家宣・家継の小姓を務め、享保元（一七一六）年の家継死去に伴い「務をゆるされ、寄合に列し」たと記す。つまり、由緒をもたない新参の近習である。

家宣は道広に対し、松前嘉広（旗本、宝永四年現在で西丸留守居、二六〇〇石）[15]の「猶子」とすることで松前姓を称せしめたと伝える。その理由は松前家が十四世紀の安芸国守護武田刑部大輔信頼の系譜をひく「旧家」だからというのである。実際、松前家は三百諸侯のうち唯一の、若狭国守護武田家に由緒を定める家である。嘉広はシャクシャイン戦争の際に出陣したことで知られる旗本松前泰広（二代松前藩主公広の三男）の嫡男である。道広の系譜に記される松前忠広は二〇〇〇石取の旗本であったが、初代松前藩主慶広の二男であるから、系譜上の混乱がみられる。

それでも、当時松前氏が将軍世子に「旧家」と認識され、新参の出頭人の由緒を装飾し得る存在としてみなされていたことは、重要である。松前氏の旧族大名としての由緒は、「太閤」や「東照宮」に安堵された実態としての蝦夷沙汰と相乗して、江戸殿中において機能したものと捉えられるからである。

表１―異国・異域を沙汰する三大名家の石高と由緒(1849年)

松前	一万石格	蝦夷・松前一円先祖代々領之，文化四丁卯年奥州梁川江移，文政四辛巳年依台命再蝦夷・松前一円，章広以後代々領之
宗	拾万石以上之格	居城対州下県郡府中，毎歳於御金蔵，金一万二千両宛拝領，城主，代々差出之高，宗氏領之
島津	七拾七万八百石	居城薩州鹿児島郡鹿児島，代々城主島津氏，薩摩・大隅・日向三国主兼領琉球国

三大名家の由緒

ここで、やや具体的に、島津・宗・松前の旧族大名三家が安堵された異国・異域との交易の姿を、対将軍家献上品から窺ってみたい。素材とするのは、江戸で出版された大名年鑑ともいうべき武鑑(大名武鑑)である。ここでは、嘉永二(一八四九)年御書物師出雲寺萬次郎蔵板『泰平萬代　大成武鑑　御大名衆』を用いる(16)。藤實久美子が整理するように(17)、武鑑は板行された媒体で、幕府へ上納されるなど公的側面を帯びると同時に、一般にも広く頒布され実用に供されたという性格を持つ。つまり、ここに記された情報は、広く社会に共有されたということになる。三大名に対する公的・社会的認識を窺うには、適当な素材と考え、ここに取り上げる次第である。

大名武鑑は大名家ごとに共通した項目を設けているが、まず項目の一つである領地に関する記載を取り上げる(表1)。いずれも、「先祖代々」、あるいは「代々」の所領であると記す。旧族大名の由緒が公認・周知されている格好だ。あとに触れるが、松前氏の一時的な転封のうえでの復領は、再封として理解されているのが注目される。記述のうえでも、結果的に「先祖代々」の由緒が継続しているのである。武鑑にあってもこの三家は、「代々」の由緒を安堵された大名として、ともに認識された家であったことが確認される。また、松前氏が「松前」に加え「蝦夷」を、島津氏が「薩摩・大隅・日向」に加え「琉球国」を、それぞれ「領」する存在として認識されていることも、ここからは確認される。

表２―異国・異域を沙汰する三大名家から将軍への献上品一覧(1849年)

	参府献上	時献上	別段御用
松前	鷲尾30尾， 猟虎皮， 銀馬代	熊皮御泥障(在着御礼)，御羽団・鮭塩引(在府之年計)，煎海鼠(４・５月中)，椎茸(６月中)，白干鮑(暑中)，若黄鷹13据・若隼２据(10月中)，鮭塩引・御根付・御緒留・熊胆(11月中)，塩鱈・塩数子・昆布・干数子(12月)，寒塩膃肭臍(寒中)	椎茸(６月)，厚朴(７月)，牡蠣(９月)，熊胆(10月)，口塩鱈・鮭塩引・昆布・干数子・膃肭臍タケリ・ヲクリカンキリ(12月)
宗	人参５斤， 虎皮３枚， 豹皮２枚， 金馬代	人参・干鯛御樽(正月)，寒塩鰤(３月)，豹皮２種１荷(帰国御礼)，長鹿尾藻《ひじき》・朝鮮寒塩鴨(暑中)，豹皮２枚(寒中)	―
島津	銀50枚， 巻物20	御鏡菱餅(元旦)，御盃台松竹(正月三日)，生鯛(正月七日)，鯣・昆布御樽(２月)，琉球芭蕉布・細布３種２荷(帰国御礼)，丸熨斗・香餅・寿帯香・龍涎香・長寿大官香(４月)，琉球布・砂糖漬・天門冬・赤貝塩辛・泡盛酒(暑中)，御鯖代黄金(７月)，蓮御飯・刺鯖(７月15日)，国許干肴(８月)，干鱠残魚《しらうお》(９月)，琉球煎海鼠(11月)，琉球紬・七島鰹節(寒中)，桜島蜜柑・焼鮎(12月)	―

表１・２の出典：嘉永２(1849)年御書物師出雲寺萬次郎蔵板『泰平萬代　大成武鑑　御大名衆』

異国産品の献上

次に、将軍家への献上品を確認する。(18) 武鑑に記される大名家から将軍家への献上は、①参勤交代による江戸参府の際の参府献上、②年始・八朔・端午・重陽・歳暮に際しての献上、③時節に応じた時献上、がそれぞれ記載されている。これら献上品には、金銀や巻物・太刀のほかに、とりわけ①や③には領内の特産物が含まれる。①・③にかかる松前・宗・島津の三家からの献上品は、表2の通りである。

ここで注目したいのは、公的な献上品と認識された品々のなかに、領国の特産物と並んで、異国・異域の産物が堂々と含まれていることだ。島津氏からの献上品には、琉球芭蕉布(帰国御礼)、琉球布・泡盛酒(暑中)、琉球煎海鼠《いりこ》(十一月)、琉球紬(寒中)といった琉球産物が含まれている。のみならず、香餅・寿帯香・龍涎香・長寿大官香(四月)といった香料は、唐物である。琉球支配が自明であることとともに、琉球による中国貿易品を入手し得る藩として公に認識されていることが、ここからは読み取ることができる。宗氏の献上品も同様である。人参(参府・正月)、虎皮(参府)、豹皮(参府・帰国御礼・寒中)、朝鮮寒塩鴨(暑中)は、いずれも朝鮮産物である。対朝鮮交易を前提とした献上品の記載は、それが公に認識されていることを示しているのである。

裏を返せば、この両大名家からの献上品は、異国との通交・交易が公儀から容認されていることを儀礼の場で可視的に示すアイテムとして機能している。そして、それが例年繰り返されることで、その認識が旧族大名による十七世紀以来の由緒として再生産される結果をもたらしていたものとみることができるわけである。

松前氏の献上品

一方、松前氏の献上品はどうか。「蝦夷」という表記を冠した産物はないが、「蝦夷・松前一円」の産物が並んでいる。鮭しかり、熊しかり、昆布しかり、数子(ニシン)しかり、膃肭臍《おっとせい》しかり、オクリカンキリ(ザリガニの胃石)またしかりである。鷲や鷹、椎茸や牡蠣、海鼠や鮑、厚朴《こうぼく》や鱈の類も同様である。これらはいずれも、十九世紀以降は「異国境」の内となる「松前蝦夷地」の産物であり、化政期の一時期に上知となった際には、箱館(松前)奉行がこれらを幕府へ調進している。松前のみならず、「蝦夷」の支配も自明のものとして認識されているのである。

「異国境」の外との関係を示す献上品もある。猟虎《らっこ》皮(参府)、御根付・御緒留(十一月中)がそれである。ラッコは主にウルップ島以東の中・北千島に生息する海獣である。松前氏が献上する根付・緒留には、樺太青玉が用いられると考えるのが自然で、つまりこれは山丹交易品である。さらに、国許在着御礼の「熊皮御泥障《あおり》」(騎乗の際に馬の腹にかける泥よけ)とともに、「御根付」「御緒留」は、「御」が冠されていることから示されるように、これらは将軍家の所用を前提とした献上品としての記載である。「異国境」の外からの将来品を得ることが、公に認識されているのである。

ただし、このうち猟虎皮の献上については、十九世紀初頭に「異国境」を設定する際に、少々問題とされた。献上された猟虎皮は、細工所(若年寄支配)に回され、将軍家所用の「御鞍覆」に用いられる通例であったらしく、東蝦夷地上知(一七九九年)後に置かれた箱館奉行もその需要に応じて調進が課されていた。ラッコの主産地であるウルップ島を「異国境」の外と定め、ヱトロフ以南との通交を遮断する措置は、猟虎皮の調進に差し支えることが懸念されたのである。しかし、箱館奉行は老中首座松平信明に対し「よしや少々御差支之御儀御座候とも、彼嶋(=ウルップ島)之御取締ニ者かへ難く奉存候間、此段奉伺候」と上申、老中は「伺之通承附」とし、これを承認している。[19]

つまり、現前の外交的課題が、松前氏以来の公儀における由緒の継続に優先しているのである。「異国境」の設定と松前氏の段階的な転封と復領は、十七世紀以来の公儀体制を根本的に揺るがす要素を胚胎していたことが、将軍献上品をめぐる対応からも窺うことができる。十七世紀以来の由緒は、現実の政治課題の前に、それのみでは実効性を担保し得ない構図が見て取れるからである。そして同時にそれは、「異国境」を股にかけた先住のアイヌ社会の伝統的な活動にも、大きく影響していくことにもなる。

3　北の「異国境」をめぐる経緯

北の「異国境」前夜

本節では、十八世紀後半から十九世紀初頭にかけて、蝦夷地の北方・東方をフィールドとしてなされた「異国境」の設定に至る経緯につき、確認する。「異国境」の設定は、結果的には蝦夷地の上知(第一次上知)というかたちに帰結し、その政治的意義や経緯については近年、藤田覚[20]・横山伊徳[21]による重厚な分析・整理がすでになされている。その成果をも踏まえ、ここで「異国境」設定に至る画期を年表風に整理すると、表3のようになる。

日本における"鎖国"体制の完成後、十七世紀後半のネルチンスク条約に起因して、清朝によるサハリンの支配と、

表3―近世のサハリン・千島列島をめぐる年表：1636〜1828

将軍	老中首座	サハリン／西蝦夷地	千島列島／東蝦夷地	日本
		1644　明清交替。 1689　露清間ネルチンスク条約。 1714　清朝，サハリンならびにアムール下流域を管轄する吉林将軍の下に三姓副都統衙門を置き，辺民編成。 1715　樺太アイヌ，ソウヤで交易。 1732　清朝，サハリン中南部のアイヌ六氏族を辺民として編成。	1711　露，千島列島進出をはじめる。 1741　露，アラスカ進出。 1766　露，ウルップ島進出。	1636　出島完成。
家治	田沼意次 1772〜86	1785〜86　天明蝦夷地調査。はじめて幕吏が踏査。	1778　露イルクーツク総督，シャバーリンらを派遣。松前藩士，ノッカマップで応接。 1779　シャバーリンらアツケシへ来航。松前藩士，応接し交易謝絶。幕府へ報告せず。 1785〜86　天明蝦夷地調査。はじめて幕吏が踏査，ウルップへも至る。	1785　松前俵物の長崎会所直仕入制導入。
家斉	松平定信 1787〜93	1791　松前藩，はじめてサハリンに常設の交易拠点設置。	1789　クナシリ・メナシの戦い。 1790　松前藩家老蠣崎波響，「夷酋列像」制作。 1792〜93　ラクスマン来航。	1790　長崎貿易半減令。松前藩，「蝦夷地改正」提出。 1791　光格天皇，「夷酋列像」叡覧。
	松平信明 1793 〜1803	1798　寛政蝦夷地調査。	1798　寛政蝦夷地調査。近藤重蔵，「大日本恵登呂府」建標。 1799　東蝦夷地仮上知。露で露米会社設立。 1801　幕府，東蝦夷地に蝦夷三官寺建立。 1802　箱館奉行を置き，上知範囲を凍結し永上知とする。 1803　幕府，千島アイヌの来航を遮断。	1798　寛政蝦夷地調査に採薬使派遣。 1802　将軍下知，蝦夷地積極開発に不同意。

（次頁につづく）

（表3のつづき）

将軍	老中首座	サハリン／西蝦夷地	千島列島／東蝦夷地	日本
家斉	戸田氏教 1803～06			1804～05　レザノフ来航，交易を謝絶。 1806　薪水給与令。
	松平信明 1806～17	1806　文化露寇。クシュンコタン襲撃。 1807　松前蝦夷地一円上知，松前奉行を置く。 1809　サハリンを北蝦夷地と称す。間宮林蔵のアムール踏査，間宮海峡の確認。 1812　幕府，山丹交易仕法替，樺太アイヌを排除。	1807　文化露寇。エトロフ襲撃。 1811～13　ゴロヴニン事件。 1812～13　高田屋嘉兵衛事件。	1807　露船打払令。 1813　ロシア語習得のため天文方手附を松前派遣。
	水野忠成 1817～34	1822　松前蝦夷地一円を松前氏に還付。	1822　松前蝦夷地一円を松前氏に還付。 1828　露米会社，千島交易所をウルップ島に置く。	1825　異国船打払令。

千島列島へのロシア進出とが、十八世紀前半を通して進展している様子が確認できる。松前藩はこれを直接・間接に把握していたが、あえて幕府へ報告することをしていない。幕府がこれを把握したのは、田沼意次の幕閣の末期に派遣された蝦夷地調査団の報告に接して以降のことになる。

田沼の幕閣は、蝦夷地開発に加え、対ロシア交易の開始をも視野に入れた検討を行った形跡があるが、結果的に金銀流出への懸念や、将来品が長崎で入手できるものばかりであると確認されたことから、消極的な姿勢に傾いている。他方、長崎貿易物資である俵物の会所直仕入制はすみやかに確立されている。幕府が直接関与しての調査・改革は、従来の松前藩への委任体制の変更を視野に入れたベクトルを孕むものであったことが確認できる。

ただし、天明の蝦夷地調査のさなかに、将軍家治が没し、田沼は失脚を余儀なくされる。これ以降の対蝦夷地政策は、状況の変化と幕閣内部の路線対立もあり、やや複雑に推移するため、表3を参照しながら、まずは整理を試みたい。

委任か上知か

新将軍家斉はその初政に際し、一門の松平定信に幕閣を構成させ、いわゆる寛政改革を実施せしめた。対蝦夷地政策については、田沼の路線を否定し、基本的に松前藩委任・非開発策をとったと評価される。実際、定信の幕閣は、蝦夷地の上知を行わなかった。しかし、定信の幕閣の時代に、クナシリ・メナシの戦いが惹起し、その戦後処理が問題となった。クナシリ島にヱトロフ島をはさんで近接するウルップ島にロシアの拠点が築かれていることが、田沼期に幕府の直接知るところとなっていたからである。これに対し定信の幕閣は、後述するように、松前藩への委任を前提としつつも、初めて「異国境」の設定を前提とした地域支配体制の改正策(「蝦夷地改正」)を策定せしめた。委任―直轄、開発―非開発といったベクトルとは異なった次元で、定信の幕閣下において十七世紀以来の対蝦夷地政策が根本的に「改正」せしめられた点は、もっと注目されてよいだろう。

定信は将軍やその実父徳川(一橋)治済との対立もあり、ラクスマン応接直後のタイミングで老中を罷免される。その後幕閣を構成した松平信明は、対蝦夷地政策においては直轄・開発の路線を取ったことで知られる。近藤重蔵がヱトロフ島掛として活躍したのも、この時期であり、実際に東蝦夷地全域が段階的に上知されてもいる。しかし、将軍の下知により開発策は抑制され、上知は東蝦夷地に限定され、松前藩は松前・西蝦夷地(サハリンを含む)に存置となり、幕府の奉行所は箱館に置かれた。下知の翌年には、信明は老中を罷免されているから、路線の変更は明白である。それでも、「異国境」の認識は改められることなく継続していることにも注目しておきたい。

信明に代わって幕閣を構成した戸田氏教は、従って、対蝦夷地政策に関する将軍下知を履行することになる。上知範囲は拡大せず、松前藩の存置も継続した。ただし、この時期に、かつて定信の幕閣がラクスマンに交付した信牌を携えて、レザノフが長崎に渡来する。半年以上待機させた挙句に通商・通交を謝絶したことにより、それへの対応に関する懸念が残された。

蝦夷一円の上知

レザノフ交渉の直後に戸田は没し、この懸念の存在に対応するように、松平信明が再び幕閣を構成することとなった。信明の幕閣は、松前蝦夷地一円を上知し、松前藩を転封する方針を固めた。その直後のタイミングで、文化露寇の報が江戸に届いた。レザノフの部下であるフヴォストフらが、利尻島沖、サハリン南部のクシュンコタン、次いでヱトロフ島シャナの御用船や会所を襲撃したのである。いずれも「異国境」の内での襲撃であり、とりわけヱトロフ島では幕府や南部藩の駐在武士が逃走し、武具の略奪を許している。文字通り、徳川、延いては日本の武威が損なわれたのである。「異国境」の内なる「蝦夷地」の確保にあっては、十七世紀に安堵された中世以来の由緒による旧族大名への委任では、もはや困難と観念された状況に直面しての一円上知であったわけである。実際、そののちに生じたゴロヴニンと高田屋嘉兵衛の日露双方への抑留は、結果的に無血解決をみたものの、新たな状況を象徴する出来事であった。

よって、「松前蝦夷地」の武備充実・支配経営と「異国境」の整序管理は、幕府が直接担う体制がとられた。間宮林蔵はサハリンを越えアムールランド(山丹地)へ至り、清朝官吏との接触を含む踏査を実施した。松田伝十郎による山丹交易仕法替では、ウリチ(山丹人)をクシュンコタンに迎え、幕府が交易を直接管掌する体制が整えられた。ゴロヴニン事件や高田屋嘉兵衛事件も、「異国境」の内と認識した最前線(クナシリ島)を舞台に、ゴロヴニン・高田屋嘉兵衛が日露双方へ拿捕されたことに端を発している。新たな状況を、旧族大名の中世以来の由緒・実績に委任せずに、新たな体制たる幕府直轄で担保する体制が、この時期整えられたのである。幕府は抑留中のゴロヴニンの下に、松前奉行組同心のアイヌ語通詞を介して天文方手附のオランダ語通詞を附属せしめ、ロシア語の習得を図っているが、これも新たな状況に対応しての政策とみられるのである。(22)

松前復領の論理

こうした方針を主導した松平信明が在任中に没したのち、幕閣を構成したのは家斉の小姓出身の水野忠成であった。忠成の幕閣は、松前氏へ松前蝦夷地一円を還付している。この還付は、次のような論理に基づいている。すなわち、松前氏が「最前蝦夷地之手当行届兼」たことにより、「難被捨置様子」が生じたため、松前蝦夷地一円を「上地(上知)」とし、「公儀」により「御処置」がなされた結果、「奥地島々迄、連々御取締相整、夷人撫育・産物取捌等、万端居合、安堵之事」と観念される状況となるに至った、との現状認識が示される。そのうえで、次のような申し渡しがなされている。

其方儀、彼地草創之家柄、数百年之所領ニ候得者、旧家格別之儀を被思召、此度松前蝦夷地一円、如前々可被返上旨、被仰出候、彼地是迄之御主法、無遺失相守、異国境御要害之儀、厳重可被取計旨、御沙汰ニ候(23)

すなわち、松前氏への還付の論理は、幕府による上知の成果が挙がったことにより懸念が解消したことをうけ、松前氏が「彼地草創之家柄」であり「数百年之所領」という経緯に鑑み、「旧家格別之儀」を斟酌し、「前々」の体制に復して「返上」する、というのである。十七世紀に安堵された旧族大名の由緒を、ストレートに肯定した表現である。形式的には、十七世紀の体制への復古の論理が示されているようにみえるのである。

他方、この論理は、付帯条項を帯びた構成になっている。「彼地是迄之御主法」を遺失なく守るように、という部分は、現行の上知期に果たされた改革(「御処置」)を踏まえつつも、直接には松前氏歴代に下された将軍家黒印状の文言を指しているといえ、復古の確認といえなくもない。ただし、「異国境御要害之儀、厳重可被取計」という部分は、先にみた定信期の「蝦夷地改正」に端を発し、上知期に整備(「奥地島々迄、連々御取締」)されていた体制を示す。ここでは、十七世紀前半にそのまま復古するのではなく、少なくとも「蝦夷地改正」以来認識された「異国境」を自明のものとし、その取締を厳重にするという、新たな状況に即した対応が求められているのである。

委任論と一橋治済

では、こうした所領の「返上」＝復領が叶った政治的要因は奈辺に求められるか。『松前町史』[24]は『新撰北海道史』の理解を踏まえ、老中水野忠成への松前藩の復領工作の成功、具体的には将軍実父徳川（一橋）治済を通じた働きかけと、忠成自身への「金銀莫大」の贈賄が奏功した点を指摘している[25]。横山伊徳が整理するように、治済は「寛政期に松平定信が蝦夷地を松前藩に委任する政策を展開していたときから、松前藩委任を支持してきていた」経緯がある[26]。第一次の松平信明の幕閣期に、蝦夷地開発策の凍結・抑制を指示した将軍下知が出された背景に「御三家と一橋家の徳川治済の存在」を指摘するのは、藤田覚の見立てである[27]。治済が一貫して対蝦夷地支配の松前委任を支持した背景には何があるか。

これについて、横山が黒田安雄の仕事[28]を踏まえて整理する、薩摩藩主島津重豪と水野忠成一族との通婚関係を通じた、琉球国経由の対中国貿易への便宜供与の働きかけが注目される[29]。重豪の正室（保姫）は、治済の妹でもあったからである。島津氏にとって、琉球国を通じた対中国貿易は、松前氏の場合と同様、十七世紀に安堵された由緒である。こうした由緒による異国・異域の沙汰が覆されることに危機感を抱き、「旧家格別之儀」を理由にそれが復されることを歓迎するのは、理解できる。将軍親政＝従来の公儀政体の維持を旨とする治済らの政治勢力が示した動きからの検討も、この問題には必要との印象が残る。

4　松前藩による安永期の「異国」認識と交易認識

シャバーリンの来航

さて、ここで松平定信の幕閣下に幕府の主導により設定された北の「異国境」につき、松前藩の側の認識と対応について考えてみたい。まずは、「異国境」設定以前の認識について確認する。サハリンにあっては、西蝦夷地北端のソウヤに樺太アイヌを迎え、蝦夷錦や青玉など中国産品を入手するルートが構築されていた。このルートは、明清交替以前の十七世紀初頭にはすでに機能しており、松前氏が安堵された蝦夷沙汰の一環をなしたものであったとみてよさそうだ。明清交替の如何にかかわらず、中国産品をもたらすのは、あくまでも「蝦夷」と認識された人々であったからである。前節でみた「御根付」「御緒留」の時献上は、これが公的に認識されていたことを示唆している。

一方、千島列島である。猟虎皮に象徴されるように、ヱトロフ島以東の中千島・北千島に住まう千島アイヌとの交易も、クナシリ・メナシ地域、あるいはアツケシ地域のアイヌを中継者として、十七世紀にはすでに機能したルートであった。アツケシのアイヌであるニシラケアイヌが松前氏にもたらした、熊皮のように巨大な猟虎皮が、徳川家康に献上されたエピソードは、これを雄弁に示している。

十八世紀に入りロシアが列島を南下し、ウルップ島に根拠地を構えるに至り、状況は変化する。猟虎皮や鷲羽など、在地の産品に加え、中国やヨーロッパの産品がロシアを通じてもたらされ、当地のアイヌ社会に滞留することすら生じたのである。ロシアは当然ながら邪宗門を奉ずる異国であり、十七世紀以来の鎖国令や邪宗門禁令に抵触する対象である。しかしながら、松前藩によって安永七～八(一七七八～七九)年になされたロシア人応接をみると、厳密さに欠ける対応に終始したといわざるを得ない。

イルクーツク省総督による千島・日本調査に関する訓令書を根拠としたカムチャツカ長官の訓令書に基づき、ヤクーツクの商人ラストチキンが派遣したシャバーリン(イルクーツク商業協同組合長)・アンチーピン(ウルップ駐留通訳)一行が蝦夷島東端のノッカマップに渡来したのは安永七(一七七八)年六月のことで、いったんオホーツク港に戻ったのち、翌安永八年七月にはアツケシに渡来し、いずれも松前藩士が応接をなしている[30]。この両度の渡来は、イルクーツク省と松前藩との公的な交渉がなされたという点で、十七世紀には想定されなかった北からの異国の接近を端的に示す、画期的な接触であったとみてよい。

安永七（一七七八）年の渡来では、松前藩主請負場所であるノッカマップに場所請負商人を監督する上乗役として偶然滞在していた松前藩士が応接にあたった。文字通り、公式ベースでの日露間ファースト＝コンタクトである。幕府の天明蝦夷地調査の際に明らかとなった日本側の記録によると、上乗役新井田大八・目付工藤八百右衛門は、請負人飛騨屋手代の通詞（アイヌ語通訳）林右衛門を伴い、シャバーリンらと直接対面している。そのうえで、通詞を介し「異国人交易之儀、一分に而挨拶不相成、松前江罷帰、主人江申聞候上、否之挨拶可仕候間、当年は罷帰、明年夏に至り、ヱトロフ島に而此方より否之返答可被遣候、依之、此節は早々立退候様」(31)にと返答している。つまり、交易の可否につき、検討の余地を残した対応をなしているのである。

それだけではない。新井田らは「赤人とも松前領主江音物・書翰等差出候処、則大八殿請取、松前江被持帰」(32)という対応をもなしている。現場の判断で、異国役人からの藩主宛音物を受納しているのである。ロシア側の記録をみると、この音物受納の意義が明らかになる。

安永七年応接の新史料

モスクワのロシア国立古文書館（РГАДА）には、この交渉に関する一七七八（安永七）年九月四日付オホーツク港政庁宛シャバーリン自筆上申書が保管されている。(33)そのなかに、新井田大八ならびに工藤八百右衛門自筆名刺、ならびに和文音物受納書、計五通が添付されている。(34)名刺は、新井田と工藤それぞれの各二通である。新井田のものは、「新《に》井田第八《ただいはち》」という家名＋通称に仮名を振ったもの、ならびに「奥州松前《ヲウシウマツマヱ》／新井田第八郎《ニイタタイハツロウ》／朝居《トモヤス》／蝦夷地《ヱソチ》／代官」という在所＋家名＋通称＋諱＋役名に仮名を振ったものである。工藤のものも同様で、「工藤八百右衛門《くとうやをゑもん》」という家名＋通称に仮名を振ったもの、ならびに「奥州松前《をうしうまつまへ》／工藤八百《くとうやを》ゑもん尉実門《シヤウちかかと》」という在所＋家名＋通称＋諱に仮名を振ったものである。

受納書は、次のような体裁で書かれている。

おほへ

一、鏡《かかみ》　壱面《ひとをもと》

一、こつふ盃《さかつき》　壱《ひと》ツ

一、とくり　壱《ひと》ツ

〆

このしな、くにのだいくわんに見《み》セ、ひろふすべくそ路《ろ》、

六月九日

新井田の名刺に「蝦夷地／代官」と書かれていることから、新井田が公人として応接にあたったことは明白である。(35)また、音物受納書には、「くにのだいくわん」に「ひろふ」することが約束されている。ここでいう「くに」とは松前を指すとみてよい。「だいくわん」は、やや難解だが、「蝦夷地／代官」という名刺の文言に対応した「くに」＝松前の行政官（家老など重臣）を表現したものと判断される。つまり、正式な受領書が交付されているのである。ここでも、日露間交渉に関する検討の余地が示された格好となっている。

なお、これら和文書付が含まれるシャバーリン上申書本文には、通詞ヒョードロによる五通のキリル文字による表音表記と逐語露訳を伴う。五通すべてに振り仮名が施されるのは、これを前提としたヒョードロの要請を受けてのことと察してよいだろう。『蝦夷拾遺』(36)に「少く和語に通ず」と記される、シャバーリンの伴った「赤人の通詞」である「ビヨトロ」がこれであろう。同書によると「ビヨトロ」は、漂流民で「ムスクバの城主」より「扶持」を受けていた奥州北郡奥戸村利八郎を妹聟としたことから、利八郎より和語を習得したと記される。正確なキリル文字化を期

するために、表音文字である仮名表記が求められ、新井田らはそれに応じたのである。
五通の和文書付とそのキリル文字表記・逐語露訳を伴ったシャバーリン上申書は、今次航海の成果に関する一七七九年一月二十四日付元老院総裁ヴァゼムスキー侯爵宛イルクーツク県知事ネムツォフ陸軍准将書簡に、航海日誌等とともに添付され、サンクトペテルブルクへ送付されている(37)。詳細は別稿を期したいが、新井田ら松前藩士による書付は、日本との交易可能性を示す証拠として用いられたのである。

安永八年応接での謝絶の論理

日本側の記録によれば、新井田らの受領した音物は、交易意図の情報とともに松前藩主へもたらされた。しかし、藩主は交易を許さず、翌安永八（一七七九）年夏に応接掛役人松井茂兵衛らを応接のため派遣し、アッケシにて再渡来したシャバーリンらへ「再び此地へ勿来、前年饋る書簡・土産とも主君玉はすと、乃ち返之(38)」との措置をとり、音物類は返却した(39)。アッケシにおける松井らの応接は、八月十一日（露暦九月九日）から八月十五日に及んだ。シャバーリン側への説明として、松井らは次のような論理を提示している。

日本の作法ニ而、其方共なと致対面候義、相成不申候、弥日本人ニ致対面交易等も致し度候ハヽ、長崎表江罷越し、彼地ニおゐて願出へし(40)、

すなわち、ロシア人と日本人との「対面」しての交易は、長崎で許可を得る必要がある、との論理である。これに対しシャバーリン側が、それでは長崎へ回って交易をしてもよいということか、と応じたのに対し、さらに次のような応答が示された。

長崎へ相廻り致交易候義者、銘々指図ニハ無之候、日本ニ而異国与交易候処ハ長崎より外ニ無之、別而銘々共頭より被申付候、末々ハ其方共等、以後此地へ渡来不致候様取計可致旨被申付、猶又、殿へハ為相知申事ハ決而相

成不申候間、銘々共頭より密々被申付処也、(41)

ここでいう「銘々」とは、アッケシで応接にあたった松前藩掛役人(松井茂兵衛ら三名)を指す。「銘々共頭」と「殿」との関係は、別の個所の記述から判断して、「銘々共頭」が松前藩重臣、「殿」が松前藩主を指すとみてよさそうだ。別の個所で、掛役人がアッケシに下向した理由をシャバーリンらへ説明した際に「城下へ罷帰候而も、国主へハ此段不申上候、若此儀相聞へ候而ハ、重く相成候義ニ付、銘々頭共其外、表立役人共相談之上ニ而、罷下候処也(42)」とあるからである。そうであれば、ロシア側に示された理屈のうえで、長崎への回航を示唆したのは、松前藩重臣ということになる。そしてその理由としては、日本では「異国」と「交易」を行うのは長崎に限られていることが示されている。ここにおいて、ロシアは「異国」と認識されていることになり、よって寛永以来の〝鎖国〟の秩序が適用されると説明されているのである。

安永七年の際に示された交易の余地は、安永八年の際には否定されており、それはロシアが「異国」であるとの認識に基づいての判断だったことになる。裏を返せば、安永七年の際の判断では、松前藩が委任された蝦夷沙汰の範疇に、対ロシア交易が包摂される余地を残した判断が、現場の松前藩士により示されたということになる。

このことに関連して、安永八年の際に松井らがシャバーリン側に示した交易に関する提案が気になる。「此方之品相望候ハヽ、クリムシリ夷人与申合、ヱトロフ夷人与交易致させ可申候(43)」という説明がそれである。ここでいう「クリムシリ夷人」とは、中千島・北千島に先住し、当時毛皮税の賦課やハリストス正教布教を受容しつつあった千島アイヌを指す。松井らは、千島アイヌとヱトロフ島のアイヌとの交易は、否定していないのである。

それればかりか、ヱトロフ島のアイヌと飛騨屋との交易を前提に、これを通じて和製品を入手するルートを、所与の前提として提示している。つまり、「日本人」と「対面」しての「異国」たるロシアとの交易は長崎以外では許されないが、「夷人」を介した交易は松前藩に委任された蝦夷沙汰の範囲のものとする認識が示されているのである。安永八年の応接で松井らは、慎重にも応接役人の名を明かさないなど、前年の応接とは異なった対応をみせている。直接の交渉は避けるが、アイヌを介した交易は否定しない。新たに直面したロシアとの交渉に関する、これが松前藩側の見解であったとみてよさそうである。

安永の日露間交易構想

松井らは応接の過程でシャバーリン側に対し、「其方共所持之品者、此方ニおゐても何れも望成品無之」[44]と述べている。この論理を敷衍すると、アイヌを介した日露間交易は、日本からロシアへの一方通行（アイヌに交易対価が滞留）ということになる。しかし松井らは応接の過程で、「商売之道者停止ニ候得共、交易之品々ハいかなる物を持参いたし可申哉」[45]と尋ね、シャバーリン側の提示した交易品を実見し、図に写し取っている。それだけではない。ロシア側の記録によると、松井らの到着以前にアッケシにおいて松前藩町足軽柴田甚兵衛や飛驒屋の番人らが、七月二十五日（露暦八月二十五日）から八月五日にかけて、断続的にシャバーリン側を応接している[46]。その際、七月二十八日にシャバーリンらのもとに「日本人が訪ねて来て代官に気付かれないように何かを交換しようと提案したので、シャバリンは同意した」と記す。また、同三十日には「二十八日に訪れた日本人商人一人と水夫一人が再び現れ、交易を望み、羅紗一反の値段を交渉した」とも記し、結果的に「ロシアの木苺色の羅紗一反」と酒三七リットル・作物（米ヵ）三二八キログラム・黒塗漆椀三個などとの交易がなされている[47]。場所請負人側には、ロシア産品への需要が潜在していたものとみてよいだろう。

すなわち、安永八（一七七九）年に松前藩が示したアイヌを介しての日露間交易構想は、実態のうえでは双方向性を深く孕んだ可能性が展望されたものであったといわざるを得ない。こうした実態は、十七世紀に安堵された蝦夷沙汰に含まれるか否かが、このような新たな状況が幕府の知るところとなって以降、焦点となっていく。

5 「蝦夷地改正」と松前藩による代替不可能性の主張

安永八年の「異国境」認識

安永八(一七七九)年の応接の際に、松井らは、漠然とであるが「異国境」に関する次のような認識を示している。

商内之道者、一切相成不申候間、其旨心得可申、猶又、達而交易致し度候ハヽ、此末クリムシリ夷人との商売ハ格別、其方なとハ此末我伲ニ此方之領分へ入込候義、堅停止たるへし、ラツコ島へも相渡候事、是又相成不申候間、此旨相心得可申候、此上者、別而日本人与致対面候義、決而相成不申候、(48)

先に触れた論理が繰り返されるなかで、シャバーリンらロシア人の「入込」を禁ずる認識が示されている。すなわち、「此方領分」への「入込」を禁じ、併せて「ラツコ島」への渡航も「相成不申」と伝えている。「ラツコ島」とは、ウルップ島を指す。すると、「此方領分」は、これに南隣するヱトロフ島までを指すとみてよい。

前述したように、松井らはシャバーリン側に対し、日本商品を望む場合は、「クリムシリ夷人」を介して「ヱトロフ夷人」から入手するように、と促している。やはりここでは、ヱトロフ島までを「此方領分」とし、それ以東と峻別する認識が示されているといってよい。そのうえで、隣接するウルップ島への来航も控えるようにとの要求がなされるが、これはすでにロシアの根拠地が建設されている実態のうえでは困難なものであった。松前の沙汰する蝦夷地の有限性は、そこを「領分」とみなす認識とともに、この時期以降、こうして択捉海峡をめぐって自覚されはじめたといえるのである。

幕府への秘匿の経緯と論理

こうした認識や実態は、田沼幕閣末期の天明蝦夷地調査で幕府の知るところとなる。調査に従事した普請役の佐藤玄六郎による記録である『蝦夷拾遺』別巻は、「赤人弁山丹人之説」にあてており、のちの「異国境」の状況への強い関心を窺うことができる。これによると、蝦夷地場所請負商人や松前藩士は、松前藩による安永のシャバーリン応接を幕府に秘したのは、次のような経緯によるものと説明したとされている。

（松井らがシャバーリン側に直接交易を謝絶したところ）依之、其より以来赤人来るなし。然れども、斯事不可不奏也、若し上、許容有て交易をなさしめば、国の福とも成べしと後に云者有り。更又、今奏すること不可也と云もの有て不決、故に東都の親戚曰、外国の交易は長崎に限り、於彼地不許可也、今更奏之せば、却て事を好むに似たり、と。依之、不奏也。(49)

安永八（一七七九）年の謝絶をめぐり、藩内で二つの対立する意見があったことが語られている。すなわち、幕府に報告せざるを得ず、そのうえでもし公儀の許可が得られれば藩にとって「国の福」となるに違いないという意見が一つ。いま一つは、幕府への速やかな報告を躊躇する意見がそれである。松前では藩論がまとまらなかったとみえ、この案件に関しては「東都の親戚」からアドバイスを仰いだという。

『寛政重修諸家譜』によると江戸の松前家には、安永八年当時の旗本に松前誉広（西丸目付・布衣、一四〇〇石）、同広長（書院番、六〇〇石）、同等広（小姓組、一〇〇〇石）、同広暉（小姓組、一五〇〇石）、同広居（非役、五〇〇石）、同広具（大番、三〇〇俵）、同広逵（小十人、二〇〇俵）の七家があった。また、大和柳生藩主柳生俊則（一万石、のち天明八〈一七八八〉年以降将軍家斉剣術指南として定府）は松前藩主道広の実の叔父（先々代藩主邦広の二男）にあたり、旗本池田直好（非役、三〇〇〇石）の嫡男頼完は道広の実弟にあたる。安永八年当時における松前家の「東都の親戚」、すなわち江戸殿中における閨閥には、確固たるものがあったといえる。

アドバイスの内容は、ロシアを「外国」（＝「異国」）とする認識を前提に、十七世紀以来の秩序に抵触することを避けるため、幕府への報告を見合わせるというものであり、松前藩はこれに従ったと説明されている。幕府の従来の秩序に従い異国たるロシアとの直接交易を避け、できるならば来航も禁じ、ただしアイヌを通じた交易は排除しない、というのが、松前藩やそれに連なる「親戚」筋の判断だったとみてよいだろう。薩摩や対馬の例に照らせば、松前氏には異国（この場合はロシア）との交渉に関する中世以来の実績があり得ず、十七世紀に安堵された実態にこれが包摂されたものではなかったことが、こうした判断の前提にあったと考えてもよさそうだ。

「蝦夷地改正」に明示された「異国境」

しかし、こうした実態は、天明の蝦夷地調査により、直接幕府の知るところとなった。天明六（一七八六）年三月に最上徳内らがヱトロフ島、次いでウルップ島（＝「猟虎島」）に渡り、駐留ロシア人と接したことは、あまりにも有名な逸話である。松前氏の懸念した、「猟虎島」のみならず「領分」たるヱトロフ島へのロシア人進出という実態が、具体的に公儀に把握された瞬間である。しかし、天明調査のさなかに将軍家治が没し、田沼は老中を退任する。新将軍家斉が登用した松平定信は、多くの先行研究が分析するように、蝦夷沙汰を従来通り松前氏に委任する方針をとった。そんなさなかに、ヱトロフ島のすぐ南に接するクナシリ島ならびに対岸の蝦夷島メナシ地方で、アイヌが和人を襲撃する紛争が生じた(50)。寛政元（一七八九）年五月のことである。松前藩は六月のうちに単独の武力でこれを鎮圧することができたが、定信の幕閣は善後策の策定を松前氏に促し、寛政二年四月に、「蝦夷地改正」と題する次のような文書が提出されることとなった。

松前志摩守ゟ差出候書付写

（広民、勘定奉行）久世丹後守
（鎮衛、勘定奉行）根岸肥前守

蝦夷地改正

一、東西之蝦夷地場末之分者、以来旅人江請負不申付、向後手舩相立、家来を以介抱為致、蝦夷人帰服之儀第一ニ為取計申候、

一、蝦夷地交易稼方、是迄者他領之者入交候得共、以来場末蝦夷之分者、領分百性共計差置、稼方申付候、

一、東蝦夷地あつけし・西蝦夷地そうやと申所江番所建置、番頭幷侍・足軽差置、蝦夷人行跡万事取締、勤番申付候、尤、至而雪寒強、殊ニ氷海ニ相成候土地柄ニ而、冬中越年難相成、依之、蝦夷人手宛等厚くいたし置、交易・稼方之者共不残為引取申候、尤、当春ゟ追々家来差遣、異国境迄得与見分之上、連々取計方茂可有之奉存候、

一、東西之蝦夷地番所之外ニ茂、最寄宜土地江番所建置、猶又家来支配之蝦夷地迄、制度相守候様申付候、

一、外国之儀茂有之候間、以来者別而武備専要ニ申付、万一急変之儀茂有之候節者、兼而烽火を所々江築置、早速注進有之候様ニ為取計申候、

前書の通改正いたし、此外茂遠境之蝦夷地幷嶋々・異国境迄、連年家来差遣、地理・方角・人物等茂得与見分之上、取計方も可有之奉存候、以上、

（寛政二年）四月　　　　松前志摩守（道広、松前藩主）（51）

松前藩への委任は変更しないが、もはや十七世紀に安堵された松前の港湾検断権を軸とした沙汰の範疇にとどまらない「改正」である。こうした視点で、条文を確認してみたい。

第一条・第二条では、「東西蝦夷地場末」を含む蝦夷地での「交易」や「稼方」を自明のものとした規定となっている。交易の現場は、すでに松前ではなく蝦夷地にあり、それが「場末」にまで及んでいることが言明されているのである。

第三条では「場末」の実態と「取締」の方策が示される。具体的な地名として「東蝦夷地あつけし」と「西蝦夷地

そうや」が明示される。その「土地柄」につき、雪や寒さが強く、冬季は結氷する自然環境も示される。そして、ソウヤとアツケシに番頭以下侍・足軽を駐在させる常設の勤番所を設け、「蝦夷人行跡万事取締」が期される。そのうえで、「場末」の先の「異国境」を家来に「見分」せしめることを言明する。

ここにおいて、「場末」たるソウヤやアツケシは、「異国境」の内であるとの認識が、松前藩と幕府の間で自覚的に共有されたことになる。冬季は撤退というリアルな構想の下で、しかし蝦夷地に勤番所を設け「侍・足軽」が常駐する体制は、これまでなかったことである。のちの蝦夷地第一次幕領期・松前藩復領期・蝦夷地第二次幕領期には、蝦夷地各所に役人が駐在する御用所が設けられることになるが、その嚆矢が「場末」の取締を期するために策定されたことは重要である。第四条でも述べられるように、「異国境」を設定し、その内なる「蝦夷地」の最前線を取り締まることが第一義であり、駐在地が時代を追って漸次「場末」に向けて拡張していったわけではないからである。

第五条では、藩の「武備専用」と、「急変」事態が惹起した際の情報伝達体制の整備が示される。その前提は、「外国之儀」の具体的な想定である。「異国境」の先に、「急変」事態に応じた武備が必要な「外国」が存在する認識が、ここでも松前藩と幕府との間に明示的に共有されている。「場末」たるソウヤ・アツケシの先の「異国境」に接する「外国」は、清朝とロシアであることは明白である。その存在を前提とした「改正」が、松前藩には求められている。十七世紀に安堵された状況とは異なる、新たな状況に対応した委任の姿が、ここには示されていると捉えられそうだ。

『夷酋列像』に込められた意図

従って松前藩は以後、蝦夷沙汰の歴史的由緒とともに、蝦夷地の先の「外国」や「異国境」の存在を前提とした、こうした新しい委任の体制を維持・担保し得る論理を主張していくことになる。「蝦夷地改正」とほぼ同時期に藩家老蠣崎広年(号波響)が制作した絵画作品である『夷酋列像(夷酋一十二人画像)』と、同じく家老の松前広長の草した

『夷酋列像附録』は、こうした主張をよく体現している。[52]

『夷酋列像』は、クナシリ・メナシの戦いの鎮圧に協力した一二名のアイヌ首長を像主としており、像主たちはいずれも煌びやかな中国風の錦やロシア風のブーツやコートを身に纏い、異風や豪強さが印象的な作品として鑑賞できる。それは、像主たちの列伝を記した『夷酋列像附録』を併せて読むと明白で、和人を襲撃した「夷賊」を平定する力量が説明されるとともに、「韃靼地方」への間道を閉ざし（ウラヤスベツ「総部酋長」マウタラケ）、ヱトロフ島・ウルップ島へ派兵し「極北」への途を閉ざす（アッケシ「総部酋長」イコトイ）実力を持った存在として述べられている。「韃靼地方」とウルップ島の先の「極北」。これは、具体的に清朝とロシアを指すとみてよいだろう。十七世紀以来の蝦夷沙汰を敷衍し、アイヌ首長を介してこそ「異国」を押さえ得るという構図を、そこから読み取ることができそうである。この構図に従うならば、アイヌ首長は松前藩でなければ押さえられぬような、異風さや豪強さが強調されることが都合がよい。広年と広長は、こうした松前藩の代替不可能性を強調すべく、画像や文章を装飾したとみるべきだろう。[53]

『夷酋列像』叡覧と朝幕関係

『夷酋列像』と『夷酋列像附録』は、蠣崎広年（波響）の手により京都に持ち込まれた。[54]「蝦夷地改正」第五条に示された武備専用の実を示すため、松前城下に配備した巨大な木砲を説明する文章や『夷酋列像』の像主各人への賛を京都の文人に依頼すべく（実際に皆川淇園らがこれに応じた）上洛した際に、帯同したのである。松平定信の幕閣の後期にあたる、寛政三（一七九一）年の二月から八月頃のことである。

この間、寛政三年七月十一日に、『夷酋列像』は公卿岩倉家への出入・寓居を許されていた高山彦九郎の周旋により、聖護院門跡諸大夫佐々木長秀・聖護院宮盈仁法親王の取次で、光格天皇の叡覧を経た。長秀によると、宮中ではこれが『夷酋列像』、すなわち〝夷酋〟の姿であると認識されている。また、法親王が天皇へ取り次いだ理由として、「筆力精妙」とともに「図像奇偉」が挙げられている。松前藩が従え得る異風の豪勇、という印象は、宮中にも共有されているようだ。松前藩の主張を可視的に示す作品に、京の文人のみならず、宮や天皇のお墨付きを得た格好である。

この叡覧は、彦九郎、延いては岩倉家をはじめとする公卿たちが、上洛中の松前藩家老蠣崎広年（波響）に接触を試みたことの延長線上に実現したものである。公卿たちの意図は、当時懸案としてあった尊号一件に関連し、それを阻む定信の幕閣の方針に抗し得る徳川（一橋）治済の勢力に連なると認識された松前家に誼を通じようとしたとの理解がある。定信の主導した一連の寛政改革は、対外関係のみならず、朝幕関係の見直しにも及ぶとする指摘もある。(55)『夷酋列像』叡覧は、それに抗しようとする両者の思惑が、同床異夢ではあれ、合致してなったものと捉えられそうである。

なお、これとは別に、高山彦九郎の周旋の動機がある。周知のように彦九郎はこれより前に、異国船の接近を憂慮し、津軽へ踏査に赴くなどの実践を行っている。火術の専門家の紹介を求める波響の依頼を受け彦九郎は、弓術の専門家である平瀬光雄との対面を実現させている。自らの日記によると平瀬を説得する際に彦九郎は、松前藩家老（波響）との面会の意義につき、「日本の為メによ」と発言したようだ。松前家の武備充実が、「日本の為メ」になるとの説明である。幕府により北方の「外国」と「異国境」が認識され、それへの松前家を通じた対応が明示的に策定された直後の時期に、すでに「日本」を主語とした排外主義的言説が、百姓身分出身の公家出入の文人により語られ、行動がなされていることになる。北の「異国境」をめぐって交わされる言説からみても、寛政改革期の帯びる画期性は、重層的なものであるという印象が残るのである。

波響の自意識

北の「異国境」とその先の「外国」の存在を前提とした松前藩への蝦夷地委任の体制を、藩側から表現した漢詩文がある。定信が老中を退任した直後の寛政六（一七九四）年早春に、蠣崎広年（波響）が作った文がそれである。高木重俊の読み下しによると、次のようなものだ。(56)

甲寅早春作　　甲寅（寛政六年）早春の作

突兀松城倚海涯　　突兀たる松城　海涯に倚《よ》り
（高く聳える松前城は、海岸に沿うている）

暁開春靄入窓紗　　暁に開けたる春靄《しゅんあい》　窓紗《そうさ》に入る
（その窓のカーテンから朝もやが入ってきた）

山鄰韃靼堆残雪　　山は韃靼に鄰《となり》して　残雪を堆《うずたか》くし
（韃靼に隣接する城の後方の山は残雪がおびただしくあり）

水接扶桑浸彩霞　　水は扶桑に接して　彩霞を浸す
（扶桑に隣接する城下の海は朝焼けを映している）

維翰硯池初解凍　　維翰の硯池　初めて凍《こおり》を解かし
（勉学に優れたという後晋の桑維翰の硯池(57)に張った氷は溶けはじめ）

趙昌筆雨漸沾花　　趙昌の筆雨　漸く花を沾《うるお》す
（花鳥画に秀でたという北宋の趙昌の筆雨は次第に花を潤す）

昌平身健幸無事　　昌平　身は健やかにして　幸いに事無し
（いま城下は泰平、私の身は健やかで、幸い無事である）

唯是遨遊酔物華　唯だ是れ遨遊《ごうゆう》して　物華に酔わん

（いまは大いに遊びに出かけ、春の風光に酔うだけだ）

松前城下の平和と繁栄を賛美した文章となっている。城に象徴される松前は、「靺鞨」(＝異国)と「扶桑」(＝日本)との間に成り立ち、「昌平」が実現しているとの揚言である。こうした松前藩による「昌平」の早春は、氷が溶け絵筆になじむことで表現され、「維翰硯池」と「趙昌筆雨」という比喩を用い文飾されている。うがったみかたをすれば、桑維翰を『夷酋列像序』や『夷酋列像附録』の作者である松前広長、趙昌を『夷酋列像』の作者である波響自身になぞらえている暗喩と解釈してもよいかもしれない。文と画によっても試みられた松前藩の代替不可能性の主張はひとまず受け入れられ、この時点では松前藩は父祖の地を安堵され続けているからである。さらにいえば、桑維翰は後晋にあって契丹との融和・交渉を旨とし、実際にそれに従事した進士であり、その失脚後に後晋は契丹により滅ぼされている。契丹は胡、すなわち夷狄であり、遼と号した異国でもあった。維翰の姿を松前氏に投影し、暗にそれを排除することの愚を主張しているようにもみえるのである。

いずれにせよ、こうした松前氏の「昌平」は、束の間継続したが、寛政十(一七九八)年の蝦夷地調査と、その翌年にはじまる段階的な上知により大きく毀損され、レザノフ来航後の文化四(一八〇七)年に至り、転封という結果がもたらされることとなった。波響はその後、復領に向け家老として尽力することになる。

上知期には近藤重蔵のヱトロフ島経営や松田伝十郎の山丹交易仕法替に象徴されるように、「異国境」の取締が幕府によりなされ、さらに蝦夷地の要所には幕吏の駐在する勤番所が設けられた。邪宗門防御を名目に、東蝦夷地の三カ所に寺院が設置されたのもこの時期である。享和三(一八〇三)年二月十五日付箱館奉行宛徳川家斉黒印状には、「異国境島々之儀、厳重取計、日本人者不及申、雖蝦夷人、異国江令渡海儀、堅可停止之」[58]という文言が記載された。ここにおいて、幕領蝦夷地に「異国境」があり、その先の「異国」への「日本人」ならびに「蝦夷人」の渡海が、公式に禁じられたのである。菊池勇夫が示唆するように、これは、寛永鎖国令の適用と理解すべきである[59]。アイヌを介した異国押さえ、という松前藩の構想したモデルは、こうして否定されたといってよい[60]。

おわりに——アイヌ史上の画期

これまでみてきたように、北の「異国境」の認識は、十七世紀以来の松前氏による蝦夷沙汰に「改正」を促し、結果的には上知・転封という変化をもたらした。これは、十七世紀には想定されなかった国際情勢の変化に応じた、幕府の対外政策の大きな転換であり、その端緒(「蝦夷地改正」)は松平定信が幕閣を構成していた時期になされたものであったということは、やや巨視的な観点からみると重要であろう。日本近世史における寛政期の意義を再確認することにも通じていくからである。

それだけではない。通史的にアイヌ史を考えるうえでも、この時期にロシアの進出と清朝の編成に対応するかたちで幕府が「異国境」を認識し、千島アイヌ・樺太アイヌの生活域を「異国境」というかたちで管理しようとしたことは、おそらく二つの観点で大きな意味を持つ。一つは、この時期を境に北海道アイヌ・千島アイヌ・樺太アイヌが、その生活域を囲繞する日本・ロシア・清朝といった国家に直接編成される点。いま一つは、彼我をつなぐ中継交易者としての地位をアイヌ社会が基本的に喪失した点が、これである。

サハリンに関しては、山丹交易からのアイヌの排除が挙げられる。松田伝十郎の行った山丹交易仕法替[61]は、山丹人に対するアイヌの負債を幕府が肩代わりし精算するかわりに、交易場所をサハリン西南端のシラヌシに定め、以後幕府が直接山丹人(=ウリチ)と交易する体制を確立させ、そこからアイヌやニヴフを原則的に排除した。以後、サハリンのアイヌは、基本的に日本市場との交易や雇用に大きく依存した再生産活動を余儀なくされることとなっていく[62]。

千島列島に関しては、ウルップ島のロシア人の存在が焦点となり、それに連動するかたちで千島アイヌとの交易の是非が検討された。結果的に、補給を断ち帰国せしめることを目的として、ヱトロフ以南のアイヌがウルップ島へ渡海することを禁じた。老中の承認は、享和三(一八〇三)年三月二十二日のことである。[63]一方、文化二(一八〇五)年にヱトロフ島に渡来した千島アイヌは、「此方蝦夷人」とは異なる「ヲロシア属島の者の身分」とみなされ拘束されるに至る(のちに逃亡のうえ帰島)。[64]これにより、安永八(一七七九)年に松前藩が示したような、アイヌによる彼我の中継交易は禁圧されたことになる。

幕府の思惑とは異なり、ウルップ島のロシア人根拠地はこののち展開し、一八二〇年代後半以降、露米会社の経営の中心を担うまでになっていく。[65]この過程で、ヤサーク(毛皮税)賦課と布教を軸とした千島アイヌのロシアによる編成がより進展し、近代の民族誌に記録されるような言語・文化的個性が磨かれることとなっていく。他方、ヱトロフ島以南は場所請負制に包摂され、「異国境」の内なる蝦夷地と同質の社会構造が浸透していくことになるのである。

つまり、巨視的にみて、近代の民族誌が描くようなアイヌの言語・文化の三つの集団(北海道アイヌ・千島アイヌ・樺太アイヌ)は、この時期を境に、より個性化の度合いを強めたともいえるである。[66]また、各集団内部の質的変容についても、たとえば北海道アイヌに関していえば、チャシ(城砦)の構築がこの時期以降みられなくなるなど、[67]重層的かつ大きな画期が認められるといってよい。今後、アイヌ史の全体像が結ばれるとするならば、時代区分のうえで意識されるべき画期であると考えるものである。

二〇〇八年六月六日に衆参両院が「アイヌ民族を先住民族とすることを求める決議」を全会一致で可決し、わが国は先住民族が公的に存在する社会となった。国のアイヌ政策推進会議(座長・内閣官房長官)は、二〇二〇年四月を期して北海道白老町に国立アイヌ民族博物館の設置を決め、目下その準備がなされている。先住民族たるアイヌの歴史を、わたしたちの社会がどう共有するかが問われているのである。本稿は、ささやかではあるが、こうした問題関心の下に、日本史(文献史学)のディシプリンに内在しつつ、アイヌ史との対話の可能性を意識した試みである。大方の御叱正を乞いたい。

(1) 荒野泰典『近世日本と東アジア』(東京大学出版会、一九八八年)。
(2) 以下、「蝦夷」文言に関しては、谷本晃久「近世の蝦夷」(藤井譲治ほか編『岩波講座日本歴史13 近世4』岩波書店、二〇一五年)の整理を参照。
(3) 児島恭子『アイヌ民族史の研究』(吉川弘文館、二〇〇三年)。
(4) 金田一京助『アイヌの研究』(内外書房、一九二五年)。
(5) 谷本晃久「貢納と支配―幕末期小笠原諸島と蝦夷地の「内国化」を事例に―」(『北海道・東北史研究四』二〇〇七年)の整理を参照。
(6) 山丹交易については、佐々木史郎『北方から来た交易民』(日本放送出版協会、一九九六年)、松浦茂『清朝のアムール政策と少数民族』(京都大学学術出版会、二〇〇六年)、榎森進『アイヌ民族の歴史』(草風館、二〇〇七年)第七章、などを参照。
(7) 池上二良「カラフトのナヨロ文書の満州文」(池上二良『ツングース・満洲諸語資料訳解』北海道大学図書刊行会、二〇〇二年/初出一九六八年)所収四号文書。
(8) たとえば、松前広長「夷酋列像附録」(寛政二〈一七九〇〉年成立、『波響論集』所収影印版)。
(9) 千島アイヌのロシアによる編成については、ザヨンツ=マウゴジャータ『千島アイヌの軌跡』(草風館、二〇〇九年)を参照。ロシアの千島進出の背景については、森永貴子『ロシアの拡大と毛皮交易』(彩流社、二〇〇八年)が参考となる。
(10) 尾藤正英『江戸時代とはなにか―日本史上の近世と近代―』(岩波書店、一九九二年)参照。
(11) 前注(1)荒野書。
(12) 松尾美恵子「近世大名の類別に関する一考察」(『徳川近世史研究所研究紀要 昭和五九年度』一九八五年)。
(13) たとえば、海保嶺夫「近世人の松前藩観」(海保嶺夫『近世蝦夷地成立史の研究』三一書房、一九八四年、第二部第一章一)。

(14) 「寛政重修諸家譜」巻第千二百三十六(『新訂寛政重修諸家譜　第十九』続群書類従完成会、一九六四年版)二九頁。

(15) 一般的には、甲斐武田氏から分かれ安芸武田氏をひらいた武田氏信の名で知られる。安芸武田氏四代信繁が若狭守護となり若狭武田氏をひらく。松前家の系譜では、藩祖信広を信繁の二男信賢の子と記している(『新訂寛政重修諸家譜　第三』一九七頁)。「寛政重修諸家譜」巻第千二百十一所載の「清和源氏諸流略図」によると、「義綱、義光流」の系図に「信頼　初氏信　刑部大輔　安芸、甲斐守護　松前の祖若狭守信広は信頼が五代の孫なり」と記される(『新訂寛政重修諸家譜　第十八』三二〇頁)。また、巻第百五十四所載「清和源氏　義光流　武田」の系譜には、信頼の四世孫に信広を配し「松前若狭守章広〈寛政期の松前藩主〉が祖。彦太郎　若狭守　蠣崎を称す」と記している(『新訂寛政重修諸家譜　第三』一四八～一四九頁)。松前氏は公的に、若狭武田氏、延いては安芸武田氏の系譜を引く家として認識されていたことになる。

(16) 北海道大学文学研究科谷本研究室所蔵本。

(17) 藤實久美子『武鑑出版と近世社会』(東洋書林、一九九九年)第四章。

(18) 将軍への大名による産物献上の特質については、大友一雄「近世の産物献上における将軍・大名・地域」(大友一雄『日本近世国家の権威と儀礼』吉川弘文館、一九九九年／初出一九九五年)に考察がある。

(19) 享和二(一八〇二)年十二月十一日老中松平信明宛箱館奉行戸川安論・羽太正養伺書「ウルツフ嶋取計之儀奉伺候書付」(『新撰北海道史　第五巻』所収「休明光記附録」巻之四【1】)。

(20) 藤田覚『近世後期政治史と対外関係』(東京大学出版会、二〇〇五年)。

(21) 横山伊徳『開国前夜の世界』(吉川弘文館、二〇一三年)。

(22) 谷本晃久「蝦夷通詞・上原熊次郎の蝦夷―御書物同心への異動と天文方出役をめぐって―」(『北海道大学文学研究科紀要』一五一、二〇一七年)参照。

(23) 文政四(一八二一)年十二月七日松前志摩守章広宛老中青山忠裕申渡書(『松前町史史料編　第二巻』〈松前町、一九七七年〉一六九頁所収「湯浅此治日記」)。

(24) 『松前町史通説編　第一巻下』(松前町、一九八八年)三九六～三九九頁(榎森進執筆)。

(25) 『新撰北海道史　第二巻　通説一』(北海道庁、一九三七年)五三九～五四一頁(高倉新一郎執筆)。『新撰北海道史』のこの記載は、

『北海道史　第二』(北海道庁、一九一八年)六三三～六三六頁の記述(河野常吉執筆)に依拠している。

(26) 前注(21)横山書、二四九～二五〇頁。

(27) 前注(20)藤田書、二〇三～二〇四頁(初出二〇〇一年)。藤田はここで、寛政十一年七月の箱訴にみえる「蝦夷地―松前家の関係を変更すると、島津家と宗家のみならず、「惣体国主外様之気を損し可申」と有力外様大名との関係を悪化させる恐れがある」との批判を取り上げ、「寛政十一年に始まる東蝦夷地仮上知策に反対する意見のなかに、朝鮮―宗家、琉球―島津家、蝦夷―松前家という、幕藩制国家の初発からの関係を変更することに対する危惧が存在した」ことを指摘している。

(28) 黒田安雄「文化・文政期長崎商法拡張をめぐる薩摩藩の画策」(『史淵』一一四、一九七七年)。

(29) 前注(21)横山書、二三〇頁。

(30) 安永七年・同八年の松前藩士によるシャバーリンら応接一件については、コラー＝スサンネ「安永年間の蝦夷地における日露交渉と千島アイヌ」(『北大史学』四二、二〇〇二年)に詳しい。ほかに、河野常吉「安永以前松前藩と露人との関係」(『史学雑誌』二七―六、一九一六年)、秋月俊幸『千島列島をめぐる日本とロシア』(北海道大学出版会、二〇一四年)、『新厚岸町史通史編　第一巻』(厚岸町、二〇一二年)第五章第一節(川上淳執筆)等に記述がある。

(31) 天明五(一七八五)年六月二十五日クナシリ島通詞林右衛門上申書(『通航一覧　第七』〈国書刊行会、一九一三年〉八六頁所収「北海島舶記」)。

(32) 同右史料。

(33) 請求記号 Ф.7 оп.2 д.2539。

(34) 同右史料、л.153。いずれも和紙に墨書。画像は、二〇一七年十二月現在、サハリン州立郷土博物館のサイトで閲覧可 (http://sakhalinmuseum.ru/exhb_id_42666.php)。なお、ロシア国立古文書館での本史料の調査については、ワシーリー＝シェプキン氏(ロシア科学アカデミー東洋古籍文献研究所研究員)ならびに鈴木建治氏(国立アイヌ民族博物館設立準備室研究員)にご協力を頂いた。記して感謝申し上げる。本史料を含む調査の概要については、別稿を準備中である。

(35) 新井田はキイタツフ場所の上乗役として下向していたが、シャバーリン側に渡した名刺に「蝦夷地代官」と記している。松前藩の職制には、蝦夷地代官もしくは蝦夷地奉行といった役は存在しない。これに関連して東俊佑は最近、安永七年七月付ノッカマップ乙名ションコ宛蝦夷地奉行定書を紹介するなかで、これを新井田による発給と比定している(東俊佑「安永七年の蝦夷地奉行定書について」『北海道博物館研究紀要』二、二〇一七年、二二頁)。そうであるとすれば、新井田はシャバーリンへは「蝦夷地代官」と自称した名刺を渡し、ションコへは「蝦夷地奉行」発給の定書を渡したことになる。松前藩上乗役による他者への自称の意味を考える上で、興味深い事例であろう。

(36) 佐藤玄六郎「蝦夷拾遺」別巻(大友喜作編『北門叢書』第一冊、北光書房、一九四三年)二九六〜二九七頁。佐藤は、天明の蝦夷地調査に従事した普請役である。

(37) 前注(33)史料、л. 148-150。本書簡については、Макарова Р.В. (Отв. Ред.), Русские Экспедиции по Изучению Северной Части Тихого Океона во Второй Половине XVIII в.: сборник документов, Москва, 1989. に翻刻があり、これを典拠とした東北大学東北アジア研究センター編『ロシア史料にみる十八〜十九世紀の日露関係 第二集』(同センター、二〇〇七年)に邦訳がある。なお、本書簡に添付された五通の和文書付については翻刻がなく、今回が初めての翻刻である。また、シャバーリン上申書についても、上記の翻刻・翻訳に相当数の欠落部分が認められる(鈴木建治氏の御示教による)。今後の共同研究を期したい。

(38) 前注(36)「蝦夷拾遺」別巻、二九六頁。

(39) ただし、「安永八年魯西亜人応接書」(函館市立中央図書館所蔵田中正右衛門家文書第十四号、請求番号K 08 タナ 4013/北海道立文書館架蔵マイクロフィルム版を利用)八月十三日条には、松井らとシャバーリン側との間になされた音物の代物償還もしくは返礼をめぐる応答の記録があり、実際にはロシア側に返却がなされていなかったことが示唆される。日本側が問題としているのは「片請」となることへの懸念であり、三品の音物の返却は問題とされていない。

(40) 同右史料、八月十二日条。

(41) 同右史料、同日条。

(42) 同右史料、八月十三日条。

(43) 同右史料、八月十二日条。

(44) 同右史料、同日条。

(45) 同右史料、八月十一日条。

(46) ア＝ポロンスキイ／駐露日本公使館訳・林欽吾補註『ロシア人日本遠訪記』(内外社、一九五三年)六〇〜六四頁。コラー＝スサンネ釈「I・Mアンティピンの日本人との出会いとウルップ島における越冬についての探検の報告書」(コラー「安永年間の蝦夷地における日露交渉と千島アイヌ」〈『北大史学』四二、二〇〇二年〉六四〜六七頁)。

(47) 同右「I・Mアンティピンの日本人との出会いとウルップ島における越冬についての探検の報告書」。当史料は、ロシア国立古文書館所蔵、請求記号Ф.7 оп.2 д.2539。

(48) 前注(39)史料、八月十二日条。

(49) 前注(36)「蝦夷拾遺」別巻、二九七頁。

(50) いわゆるクナシリ・メナシの戦い。この戦いについては、根室シンポジウム実行委員会編『三十七本のイナウ』(北海道出版企画センター、一九九〇年)、岩﨑奈緒子『日本近世のアイヌ社会』(校倉書房、一九九八年)、川上淳『近世後期の奥蝦夷地史と日露関係』(北海道出版企画センター、二〇一一年)、菊池勇夫『十八世紀末のアイヌ蜂起』(サッポロ堂書店、二〇一〇年)など参照。

(51) 「蝦夷地一件」五(『新北海道史　第七巻　史料一』北海道、一九六九年、四九〇頁／内閣文庫本により校訂)。

(52) 研究史整理を伴う最近の成果として、北海道博物館編『夷酋列像―蝦夷地イメージをめぐる人・物・世界―』(北海道新聞社、二〇一五年)がある。

(53) 谷本晃久「「夷酋列像」をよむ」(荒野泰典ほか編『日本の対外関係6　近世的世界の成熟』吉川弘文館、二〇一〇年)。

(54) 以下、『夷酋列像』叡覧や高山彦九郎の認識に関しては、佐々木利和・谷本晃久「『夷酋列像』の再検討へ向けて―シモチ像と「叡覧」と―」(『北海道博物館アイヌ民族文化研究センター紀要』二、二〇一七年)第二章によった。

(55) 高埜利彦「幕藩制国家解体期」(高埜利彦ほか編『新体系日本史1　国家史』山川出版社、二〇〇六年、第Ⅲ部第三章)第一節・第二節。

(56) 高木重俊『蠣崎波響漢詩全釈』(幻洋社、二〇〇二年)031号(六二〜六三頁)。読み下しは高木氏による。現代語訳は高木氏の解釈を参考に、谷本が新たに試みた。

(57) 高木氏は「維翰硯池」を、元朝の文人楊維翰の〝硯を洗う池〟(故事は未詳とされる)、と解釈されている。ここでは「硯池」を硯に附属する墨汁を溜める窪み(硯海ともいう)と解釈し、桑維翰による「磨穿鉄硯」の故事(鉄の硯がすり減り穴が開くまでの猛勉強)を踏まえ、優れた文人の硯、というニュアンスで鑑賞を試みた。専門家の御批評を乞う。
(58)「休明光記附録」巻之十【十七】(『新撰北海道史　第五巻』北海道庁、一九一二年版)。
(59)菊池勇夫「箱館奉行の基本的性格について」(菊池勇夫『北方史のなかの近世日本』校倉書房、一九九一年/初出一九八七年)。
(60)榎森進はこれに関連して、近藤重蔵の断案を援用するかたちで、「松前氏による「蝦夷地取り次ぎ体制」の否定」と位置付けている(榎森『アイヌ民族の歴史』草風館、二〇〇七年、三〇四〜三〇六頁)。
(61)松田伝十郎「北夷談」五(高倉新一郎編『日本庶民生活史料集成　第四巻』三一書房、一九六九年版)。
(62)むろん、サハリンにおける地域間交易は継続し、またアイヌ名を名乗る山丹人が存在するなど、双方向性がまったく失われたわけではなく、樺太アイヌの言語・文化的個性は維持展開されることとなる。
(63)前注(19)「ウルツフ嶋取計之儀奉伺候書付」。これについては、菊池勇夫「文化年間のラショア人渡来」(菊池勇夫『アイヌと松前の政治文化』校倉書房、二〇一三年/初出一九九五年)、加藤好男『クリル人の歴史を尋ねて』(私家版、一九九六年)、前注(50)川上書第Ⅱ部第五・六章(初出一九九六・七年)を参照。
(64)羽太正養「休明光記」巻之六―一(『新撰北海道史　第五巻』北海道庁、一九一二年版)。
(65)手塚薫「ウルップ島のラッコ猟」(大塚和義編『北太平洋の先住民交易と工芸』思文閣、二〇〇三年)。
(66)アイヌ文化の三つの個性については、佐々木利和『アイヌ文化誌ノート』(吉川弘文館、二〇〇一年)など参照。
(67)前注(50)川上書第Ⅰ部第四章。なお、アイヌ史における時代区分の意義については、前注(2)谷本論文の整理も参照。

第Ⅱ部　報告

報告―①

朝幕関係から見た幕藩制国家像

――教科書叙述の背後にある研究成果を活かした授業構想――

國岡　健

はじめに

本稿は江戸時代における朝廷と幕府の関係(1)の変容を通して、従来とは違う幕藩制国家像(2)を描くための授業構想を述べたものである。近年、江戸時代の天皇と公家、朝廷に関する教科書の叙述には、かつてと比べて変化が見られる。これは研究の進展によるもので、既存の江戸時代像にも大きく影響を与えるものである。一方で、教科書が書き換えられているにもかかわらず、教える側の認識がそれに追いつかず旧態依然とした歴史像を前提とした授業に留まっていることも多い。教科書は歴史学の研究成果が反映されたもので、歴史教育においては主たる教材として授業構想の中軸となるものであり、研究と教育の双方が交差する場として重要な役割を担っている。教科書叙述の背景を捉えるため、執筆者の著書や論文から研究成果に迫るとともに、教育の側が研究成果をどう捉え、どのように授業を構想することができるのかを検討した。なお、本稿は北海道高等学校日本史教育研究会第四〇回大会(二〇一六年八月開催)における筆者の報告に加除修正を加えたものである。

1　これまでの授業実践における幕藩制国家像

授業の中で自分は江戸時代をどう捉え、どのような歴史像を描いてきただろうか。また生徒は授業を通してどのような江戸時代像を描き、歴史認識を獲得して、歴史意識を持つに至っているのか。[3] 歴代の将軍の名前は言えても、知っている天皇は将軍家の血を引く明正天皇、幕政との関わりで登場する後水尾天皇と孝明天皇くらいで、公家に至っては幕末維新期に登場する岩倉具視と三条実美くらいであろう。そして何よりも彼らの拠点である朝廷の存在は、幕末まで意識されることはほとんどないと言ってもよい。しかし最新の教科書叙述から、こうした現状について、問い直す必要性を強く感じる。

江戸時代は幕藩体制という名前が示すとおり、全国は将軍を頂点とする幕府が、地方は大名である藩が、それぞれ圧倒的な武力によって支配する体制を敷いてきた武士の時代と考えられている。自分自身もそのように捉えて授業をしてきたため、生徒もそうした歴史認識と歴史意識を持ったものと思われる。天皇と公家によって構成される朝廷は、支配層として位置づけられるものの、同じく支配層である武家と比較して影の薄い存在とされてきたと言える。それは、元和元(一六一五)年に制定された「禁中並公家諸法度」(以下、「禁中」)によって、天皇・公家、朝廷は幕府によって一方的に管理・統制・抑圧されていたと理解されてきたからである。主体としての武家＝幕府と、客体としての天皇・公家＝朝廷という単純化された構図、さらに朝幕・公武という対抗的枠組みを前提に、一方が他方を圧倒しているはずという二項対立的視点にとらわれてきた。[4] 支配層を構成する天皇・公家＝朝廷の存在価値は何か、なぜ幕府は朝廷を存続させたのか、天皇と朝廷の権威が幕末に顕在化したのはなぜか、という観点が欠落していたと言える。授業では朝幕関係について、紫衣事件、宝暦事件、尊号一件などを、幕府側の視点でそのつど一つの事件としてトピック的に扱ってきたため、断片的な捉え方しかできず、これらを通して朝幕関係を本質的に捉え直すものになってはいなかった。結果として天皇・公家＝朝廷は、幕藩制国家像を描く構成要素とはなっていなかった。ペリー来航から幕末政争期に、公武合体、尊王攘夷、王政復古という政治史の流れの中で、唐突かつ無前提に孝明天皇、岩倉具視、そして朝廷を登場させ、明治国家創設に収斂させることを前提とした歴史像を描いてきたと言える。

2 朝幕関係という視点からの新しい幕藩制国家像へ(5)

歴史学研究における「姿の見えにくかった江戸時代の天皇や朝廷の存在がどのようなものであったのか、(中略)それほど無力であった天皇・朝廷が、ではなぜ幕末に浮上して、王政復古という形で明治維新が行なわれるに至ったのか(6)」との問いや、江戸時代の朝廷像を象徴していた「禁中」について、「(かつては幕府が)天皇・朝廷を警戒しその抑圧と弱体化を意図した悪法とみなされてきた。現在では、戦国時代末期に解体に瀕していた朝廷と公家の秩序を再確立し、幕藩体制という近世国家の支配の一翼を担わせるため、体制に適合的な天皇と朝廷に再編し、その存続と機能の維持を図ったものと考えられている(7)」との指摘は、いずれもそのまま歴史教育につながり授業のテーマとなる。

授業では、朝幕関係の基本的な枠組みが諸事象を通して変容していること、その中に幕末に見られる天皇・朝廷権威の浮上の要因を見出せることを、それぞれ史資料(8)から読み取り、朝幕関係を固定的・静態的にではなく流動的・動態的に捉えるために朝幕関係という視点を加えて、武家が主体とされていた幕藩制国家像を多面的に構築できるようにする。そのため朝幕関係を、草創・確立・協調期(後水尾天皇／大御所家康・秀忠・家光、霊元天皇〈上皇〉／徳川家綱・綱吉)、動揺・破綻期(桃園天皇／徳川家重)、崩壊期(光格天皇／徳川家斉・老中松平定信)、逆転期(孝明天皇／徳川家慶・家定・家茂・慶喜)に時期区分し(9)、天皇と朝廷の権威が浮上して、最終的に大政奉還、王政復古へと至る歴史像を描く。

3　朝幕関係の変容から描く幕藩制国家像――授業構想・教材としての史資料と生徒への問い

草創・確立・協調期(1)――後水尾天皇の時代

朝幕関係を考察するにあたって欠かせない「禁中」は、二〇一六年発行(二〇一二年文部科学省検定済)の『詳説日本史B』(山川出版社。以下『詳説』)では、「一六一三(慶長十八)年、公家衆法度を出したのに続いて一六一五(元和元)年、禁中並公家諸法度を制定して、朝廷運営の基準を明示した」(一七四頁)と叙述されている。まず着目したいのは、旧版(二〇〇六年文部科学省検定済)では叙述されていなかった「公家衆法度」(以下、「公家衆」)で、「公家衆」を朝廷運営の基準法規である「禁中」の前段として位置づけ、両法度を連続的に捉えている点である。「公家衆」制定に込められた幕府の意図を理解させるため、教科書には掲載されていないが史料「公家衆」(抜粋)を読ませる。(10)

一　公家衆、禁中に参集す。前将軍より御法度の条々あり。その案。

公家衆法度

一　公家衆、家々の学問、昼夜油断なきよう、仰せ付けらるべき事。

一　老若によらず、行儀法度に背く輩は、流罪に処すべし。但し、罪の軽重により、年序を定むべき事。

一　昼夜の御番、老若ともに懈怠なくあい勤め、そのほか威儀を正しあい調え、伺候の時刻、式目の如く参勤仕り候よう、仰せ付けらるべき事。

一　昼夜ともに、さして用所なく、町小路徘徊、堅く停止の事。

右条々あい定むる所なり。五摂家ならびに伝奏より、その届けこれある時、武家の沙汰を行うべき者なり。

慶長十八年六月十六日㊞(家康朱印)

各一覧す。以後退出し了ぬ。

（藤田覚編『史料を読み解く3　近世の政治と外交』〈山川出版社、二〇〇八年〉六一頁。以下「禁中」の引用も同書より。）

藤田覚氏が指摘する「戦国時代末期に解体に瀕していた朝廷と公家の秩序を再確立」しようとした「公家衆」を、実態面から具体的に把握させる。そのため「行儀法度に背く輩は、流罪に処すべし」「昼夜ともに、さして用所なく、町小路徘徊、堅く停止の事」としたのはなぜかと問いかけ、幕府が制定当時に乱れていた公家の風紀を正すとともに、公家のあり方を規定しようとしたことを読み取らせる。次に「公家衆、家々の学問」[11]とはどのようなものかと問い、公家は代々伝承された有職や伝統芸能の担い手であると同時に、その従事者にとっては権威であったことを理解させる。その際、「公家の家業一覧表」[12]（表1）を提示し具体的なイメージを持たせる。さらに「昼夜の御番」とは何をすることかと問い、禁裏小番という公家の任務から、天皇と公家の主従関係を理解させる。そして「朝廷と公家の秩序を再確立」しようとする幕府の狙いについて、武家の官位補任に関わる「禁中」第七条「武家の官位は、公家当官のほかたるべき事」を規定した理由を問う。これによって豊臣政権のもとで崩壊していた公家官職制の正常化を意図していたこと、幕府が大名の官位叙任を集約して朝廷に推挙することによって、大名と朝廷の結びつきが強まることを阻止しようとしたことを理解させる。その際「三公以上当官散位一覧表」[13]（表2）から、各時期の三公のメンバーを比較して考察させ、公武の構成の変化を読み取らせる。

「朝廷運営の基準」を、寛永六（一六二九）年におきた紫衣事件を通して次の「禁中」第十六条から考察させる。

一　紫衣の寺の住持職、先規希有の事なり。近年みだりに勅許の事、かつうは臈次を乱し、かつうは官寺を汚す。はなはだしかるべからず。向後においては、その器用を選び、戒臈をあい積み、智者の聞こえあらば、入院の儀申し沙汰あるべき事。（傍線は筆者）

傍線部に着目させ、幕府は事件前の紫衣勅許の現状をどう考えていたか、本来どうあるべきと考えていたかと問い、条文の狙いを読み取らせる。事件を契機に勅許よりも幕府法度の優位が明確となったこと[14]、以後は幕府主導で朝幕の協調関係が確立していったことを理解させる。『詳説』では傍線部が略されているが、条文の狙いをより深く理解させるために、「「はなはだしかるべからず」の続きを考えよ」と問いかけ、傍線部を推測させることも有効である。これにより幕府が勅許に対して条件をつけて天皇の専断を制限したことから、朝幕協調関係の実態を理解させることが

表１―公家の家業一覧表

<table>
<tr><th></th><th colspan="2">家業</th><th>家</th></tr>
<tr><td>1</td><td colspan="2">摂家</td><td rowspan="8">朝廷の公事・有職・儀式などを担う</td></tr>
<tr><td>2</td><td colspan="2">親王</td></tr>
<tr><td>3</td><td colspan="2">清華</td></tr>
<tr><td>4</td><td colspan="2">大臣家</td></tr>
<tr><td>5</td><td colspan="2">羽林家</td></tr>
<tr><td>6</td><td colspan="2">名家</td></tr>
<tr><td>7</td><td colspan="2">羽林名家之外</td></tr>
<tr><td>8</td><td colspan="2">新家</td></tr>
<tr><td>9</td><td colspan="2">神祇伯</td><td>白川，吉田</td></tr>
<tr><td>10</td><td colspan="2">和歌</td><td>二条，冷泉，飛鳥井，三条西
現在は中院，阿野，水無瀬も歌家として励んでいる</td></tr>
<tr><td>11</td><td colspan="2">文章博士</td><td>高辻，坊城，五条</td></tr>
<tr><td>12</td><td colspan="2">明経</td><td>舟橋</td></tr>
<tr><td>13</td><td colspan="2">能書</td><td>清水谷，持明院</td></tr>
<tr><td>14</td><td colspan="2">神楽</td><td>綾小路，持明院，四辻，庭田，五辻，鷲尾，藪内，滋野井</td></tr>
<tr><td>15</td><td>楽</td><td>和琴</td><td>四辻，大炊御門</td></tr>
<tr><td></td><td></td><td>琵琶</td><td>伏見，西園寺，今出川，園，綾小路</td></tr>
<tr><td></td><td></td><td>箏</td><td>四辻，正親町，綾小路，藪内</td></tr>
<tr><td></td><td></td><td>笛</td><td>大炊御門，綾小路，徳大寺，久我，三条，甘露寺，橋本</td></tr>
<tr><td></td><td></td><td>笙</td><td>花山院，清水谷，松木，四条，山科</td></tr>
<tr><td></td><td></td><td>篳篥</td><td>綾小路</td></tr>
<tr><td>16</td><td colspan="2">蹴鞠</td><td>飛鳥井，難波，冷泉，綾小路
現在は冷泉，綾小路はその道絶す，この外に賀茂の社司が蹴鞠のときに召し加えられる</td></tr>
<tr><td>17</td><td colspan="2">装束</td><td>三条，大炊御門，高倉武家，山科
現在は三条，大炊御門はそのこと断絶</td></tr>
<tr><td>18</td><td colspan="2">陰陽道</td><td>賀茂家は近代断絶，庶流あり
安倍家は土御門家</td></tr>
<tr><td>19</td><td>外記</td><td>史</td><td>清原，中原</td></tr>
</table>

「諸家家業」(1668年)より作成。

表2―三公以上当官散位一覧表

年	当官		備考	散位		備考
天正18(1590)	関白	豊臣秀吉		前左大臣	九条兼孝	
	太政大臣	豊臣秀吉			一条内基	
	左大臣	近衛信輔			二条昭実	
	右大臣	今出川晴季			西園寺公朝	
	内大臣	織田信雄	8月出家			
天正19(1591)	関白	豊臣秀吉	月日辞	前左大臣	九条兼孝	
		豊臣秀次	12月28日詔		一条内基	
	太政大臣	豊臣秀吉			二条昭実	
	左大臣	近衛信輔				
	右大臣	今出川晴季				
	内大臣	豊臣秀次	12月4日任，同28日詔関白			
天正20(1592)	太政大臣	豊臣秀吉		前左大臣	九条兼孝	
	関白	豊臣秀次			一条内基	
	左大臣	近衛信輔	正月28日辞退		二条昭実	
		豊臣秀次	正月29日任		近衛信輔	正月28日辞退
	右大臣	今出川晴季				
	内大臣	豊臣秀次	正月29日転左大臣			
文禄2(1593)	太政大臣	豊臣秀吉		前左大臣	九条兼孝	
	関白	豊臣秀次			一条内基	
	左大臣	豊臣秀次			二条昭実	
	右大臣	今出川晴季			近衛信輔	
	内大臣					
慶長20(1615)	関白	鷹司信尚	7月27日辞退	前左大臣	二条昭実	7月28日関白還任
		二条昭実	7月28日詔関白		鷹司信房	
	太政大臣				九条忠栄	
	左大臣	鷹司信尚				
	右大臣	近衛信尋		前右大臣	今出川晴季	
	内大臣	西園寺実益			徳川家康	
					豊臣秀頼	
					徳川秀忠	征夷大将軍

できる。また紫衣事件を具体的にイメージできるように、後水尾天皇の宸翰[15]（写真1）を提示し、「忍」の一字から天皇の心情を推測させる。最後に両法度を一連のものとして捉えさせるために、「公家衆」の押印者が家康のみであるのに対して、「禁中」の署名・押印者が、次のように家康・将軍秀忠に加えて関白二条昭実となっているのはなぜかと問い、朝廷の実力者である摂家の関白二条昭実を取り込みながら、それと一体的に署名・押印することで、いわば朝廷と幕府の協調関係を象徴していることを理解させる。

写真1―後水尾天皇の宸翰
実相院蔵

右この旨あい守らるべき者なり。
慶長二十年乙卯七月日　昭　實　在判　二条関白
秀　忠　御在判
家　康　御在判

草創・確立・協調期(2)――霊元天皇(上皇)の時代

朝幕関係はどうしても、公武という対抗的枠組みを前提として、公は公、武は武と、それぞれの枠組みを固定的に、かつ双方をそれぞれ一枚岩として捉えがちである。しかし次の史料はそうした見方を転換させ、朝幕関係の内実を重層的に捉えることができるものである。朝廷儀式の復古を志向する霊元天皇と、幕府との協調関係の中で朝廷を運営していこうとする摂家の近衛基熙(当時左大臣、後関白)との確執、対立、せめぎあい[16]を読み取らせる。

【下御霊神社所蔵　霊元上皇御祈願文】
祈願の事

一　朝廷の儀、年々次第に日を逐って暗然、歎かわしきこと限りなし、これあわせて私曲邪佞の悪臣、執政既に三代を重ね、己の志を恣ままにするの故なり。早く神慮正直の威力をもって、早くかの邪臣らを退かせられ、朝廷復古の儀守らせたまうべきこと。

一　太樹朝家を重んずるの心、なお増して深切を加え、早くかの邪臣の謀計を退け、かたじけなく沙汰あるべき事。

（歴史学研究会編『日本史史料3　近世』〈岩波書店、二〇〇六年〉一七六～一七七頁より抜粋。読み下しは筆者。以下、『近世史料』。）

上皇は近衛（もしくは近衛家三代）と将軍をそれぞれどう見ているかと問いかけ、上皇が近衛の朝廷運営に怒りを持っていたこと、神の力で彼（ら）を排除して欲しいと願っていたこと、上皇は将軍の朝廷尊崇姿勢には満足し、むしろ幕府の力で排除を求めていたことを読み取らせる。霊元と近衛の対立に見られるように、朝廷内部が一枚岩ではなかったという事実は、生徒の一面的な歴史像を改めさせるとともに、歴史の見方の幅を広げてくれる。そのためにあらかじめ「朝廷の統制機構図」（本書一五頁図4参照）を提示し説明する。とくに摂家が、「公家衆」の但し書き「五摂家ならびに伝奏より、その届けこれある時、武家の沙汰を行うべき者なり」と、「禁中」第十一条「関白、伝奏ならびに奉行職事等申し渡す儀、堂上・地下輩あい背くにおいては、流罪たるべき事」を背景に、朝廷内で卓越した地位にあったことを指摘する。ここに見られる摂家と上皇の対立構図がこの後も潜在化していったことを理解しておくことは、のちの朝幕関係を考察するにあたり不可欠である。

次に、これほどまでに霊元から嫌悪されていた近衛の幕府観と、彼の上皇に対する見方を、次の史料から読み取らせる。

【伊達家文書　延宝六(一六七八)年　近衛基熙口上覚書写】(抜粋)

近衛様御口上の覚

一　禁中の向き近年御用の義につき、万事相談等まちまちに候故か、諸家の存念武家へ通ぜざる事。

一　関白三公その已下列座へ相談の儀、多くは関白の御下知にて決定候事稀に候。その上関白三公等一向に領状これなき事も、あるいは叡慮にことよせ、あるいは武威を軽んずるにことよせ、治定候事度々に候故、関白の職戸位の様に見え候へば、諸家も自ら朝威を軽々しく存ぜらるる事。

一　……官位封禄は公武の御恩に候へば、朝廷の御為の事は勿論、大樹様の御為、……

一　大樹よりの御馳走残すところなき様に思し召し候様、この上は今一等朝廷の風儀のよろしく成申す様にはなり申すべき事の様に思し召し候ゆえ、御卒爾の様にもこれ有るべく候へども、御異見得られたき御事。

此の趣、美濃守様へ御次に仰せ達せられ、いか様とも御差図御頼成られたきよし、御意に候。

(『近世史料』一五九〜一六〇頁。読み下しは筆者。)

近衛は現状の朝廷、朝幕の関係、上皇をどのように見ているか、また朝廷と幕府に対してどのような姿勢かと問いかける。朝幕の意志疎通が滞っていること、関白職が有名無実化していること、自分の官位と俸禄は朝廷と幕府の両方のおかげと考えていることを読み取らせる。さらに幕府との協調関係を重視する立場から、朝廷復古策を推し進める上皇と、その側近公家に批判的であったこと、彼らが幕府との関係を疎かにしていることについて、老中稲葉正則の指導による改善を望んでいたことを読み取らせる。幕閣との親密な関係からも、朝廷と幕府の協調を優先する近衛の姿勢を理解させたい。一方、上皇が関白・武家伝奏・議奏に対して次の史料にある三カ条を突きつけて誓詞血判を差し出させていた事実を説明し、こうした上皇の姿勢が、幕府との協調関係を重視する近衛をはじめとする公家の大きな反発を招いていたことを読み取らせる。そして、彼らはそのような上皇をどう見ていたかと問い、上皇と関白・

武家伝奏・議奏、双方の関係性について考察させる。

【基熙公記】

一　主上御為もっぱら忠節を存じ、そうじて朝家の御為いささか疎略あるべからず、旦暮身命を抛って忠勤を励むべく候事、

一　朝家の御用、職掌の儀においてもっとも正路を守るべし、かつ又、衆議による品は、伝奏・議奏の輩と隔意なく申し合い、御為よき様に相談せしむべく候、伝奏・議奏の内、あるいは諸家の輩も、別魂をもって荷担をなして、贔屓偏頗の振る舞い、かつてもってこれ有るべからず候、また私の宿意をもつて、人を害し他を妨ぐの存念など、ゆめゆめこれ有るべからず候事、

一　私の為をもって武士の者らと別魂を致し、諂いをなして朝家を忘れ候儀、毛頭これあるべからず候事、

（藤田覚『天皇の歴史06　江戸時代の天皇』〈講談社、二〇一一年〉一一三頁。以下『天皇の歴史』。）

動揺・破綻期――桃園天皇の時代

宝暦八（一七五八）年におきた宝暦事件[19]は、垂加流神道家である竹内式部の門人公家が桃園天皇に対して、『日本書紀』神代の巻を講義していたことに端を発する。摂家・武家伝奏の指導で一旦中止されたが、のちに再開されたため、摂家・武家伝奏が関係した公家を主体的に処分した（京都所司代へは事後承諾）。旧版の『詳説』では、「竹内式部は京都で公家たちに尊王論を説いて追放刑」（二二〇頁）となったことが思想上の問題として叙述されている。これに対して現在の『詳説』は思想上の問題に加えて、「朝廷では、復古派の公家たちと竹内式部が、摂家によって処分され」（二二四頁）たと叙述しており、復古派公家による政治事件として捉えている。事件を通して公家と摂家の動向に着目させるとともに、朝幕関係という観点から考察させる意図があると思われる。事件の概要を説明したあと、なぜ『日

本書紀』神代の巻を学ぶことがいけないのか、「禁中」第一条「天子諸芸能の事、第一御学問也」から、そもそも「天子」が学ぶべき「御学問」とは何かと問いかけ、その中身を明らかにしながら幕府が求めていた天皇像を考察させる。

『詳説』(一七五頁)では「天子諸芸能の事、第一御学問也。……」と略しているが、宝暦事件を朝幕関係を揺るがすものと理解させるためには、あとに続く「学ばずんば則ち古道に明らかならず。しかるに政を能くし太平を致す。貞観政要明文なり。寛平遺誡、経史を窮めずといえども、群書治要を誦習すべしとうんぬん。和歌は光孝天皇より未だ絶えず。綺語たるといえども、わが国の習俗なり。棄て置くべからずとうんぬん。禁秘抄に載する所、御習学専要に候事」を読み取る必要がある。「御学問」とは、中国帝王学の古典『貞観政要』『群書治要』であり、宇多天皇が天皇の心得や作法を醍醐天皇に対して書いた『寛平御遺誡』である。いずれも君主としての心得、帝王学を身につけるための書物である。そもそも「禁中」第一条は天皇を政治から遠ざけるためのものではなく、順徳天皇制定の『禁秘抄』からの抜粋で、天皇や公家が長年にわたって親しんできたものであった[20]。幕府は天皇を現実政治に直接関与する統治者ではないが、日本国の王と認識していたことを理解させる[21]。その他の学問の中身は後水尾天皇の時に制度化された「禁中御学問講」から、朝廷儀式と朝議が滞りなく行われるために必須なものであり、ここからも幕府が朝廷に担わせようとした内実を理解することができる[22]。また『日本書紀』神代の巻には、初代の天皇とされる神武天皇以前の国つくり神話や天皇家の祖先神である天照大神にまつわる伝承などが記述されていることを説明し、幕府が忌避したかった理由を考察させる。

次に、宝暦事件の処分を通して朝廷の統制機構としての関白・武家伝奏・議奏の役割を考えさせる。次の史料を読み、関白・武家伝奏・議奏はどのような点に危機感を抱き、なぜ率先して関係する公家の処分に踏み切ったのかと問う。

【八槐御記】

日本において天皇ほど尊き御身柄はこれ無く候、将軍を貴しと申す儀は人びとも存じ、天子を貴ぶを存ぜず候子細はいかがの儀にてこれ有るべきや、これは天子御代々御学問不足御不徳、臣下関白已下いずれも非器無才ゆえの儀に候、天子より諸臣一統に学問を励み、五常の道備え候えば、天下の万民皆その徳に服して天子に心をよせ、自然と将軍も天下の政統を返上せられ候ように相成り候儀は必定、実に掌を指すがごとく公家の天下に相成り候

（『天皇の歴史』一六四頁。）

式部の王政復古思想が蔓延することへの危機感、彼の影響を受けた天皇側近の公家と関白・武家伝奏など統制機構側との朝廷政治の主導権をめぐる対立から、伝統的な朝幕関係を維持するために統制機構側が主体的に処分を決断したことを理解させる。さらに次の史料を読み「謀反」とは誰が誰に対して起こしたものか、「法外失礼之義」とはどういうことかとそれぞれ問う。統制機構側は、側近公家らが天皇を戴き一体化して徒党を組んだことを謀反と認定し、朝廷内秩序の危機と認識したことを読み取らせる。一部の公家とそれに支えられる天皇の動きは、朝廷復古に向けた自立の兆しであり、朝幕関係への不満が背景にあったことを理解させる。

【兼胤記　宝暦八（一七五八）年七月二十四日】

竹内式部門弟堂上、式部教え方宜しからずに付、近年毎度風説流行し、朝廷騒動に及び候。之により、門弟堂上党を結び謀反の志これ有り候。風説盛んに相聞こえ候も、余儀なく候。謀反と申す義は事重き義、中々二、三十人ばかりの徒党、一両年ばかりの申し合わせにては、一向に事調べがたき義に候、畢竟只各主上へ御馴添え申し候て、朝廷の権を取り候趣意に候。関白已下一列、且つ伝奏、議奏等を軽んじ、法外失礼の義共、勝はかりがたく候、これにより別紙の通り仰せいだされ候。

（『近世史料』二六四頁。読み下しは筆者。）

崩壊期――光格天皇の時代

『詳説』は、「内憂外患」の言葉に象徴される国内外の危機的状況に対し、幕府権力が弱体化して威信を発揮できなくなると、これにとってかわる上位の権威としての天皇・朝廷が求められ始め、国の形の中に位置づける発想がとられるようになった。朝廷の側からも、光格天皇のような朝廷復古を求める考え方が強く打ち出された。公家たちも財政に苦しむ中で、各種の免許状を発行して収入を得ようと活動し、社会にもまた朝廷の権威を求める動きが広がった」(二四一～二四二頁)と叙述する。こうした復古志向の強い天皇の姿勢を象徴する寛政五(一七九三)年の尊号一件[23]は、天皇が「禁中」第二条で朝廷内の序列が摂家の下に位置づけられる実父の典仁親王に、太上天皇の位を贈るよう幕府に働きかけたが実現しなかったものである。『詳説』では、「朝廷は(中略)幕府に同意を求めたが、定信はこれを拒否した。武家伝奏ら公家はふたたび尊号宣下を求めたが、定信は本来武家伝奏は幕府側に立つべきとして、公家を処分した」(二三四頁)と叙述されている。この一連の経過の中で、公家の群議によって朝廷内の世論が形成され尊号宣下を幕府に迫る事態となったこと、本来そうした動きを制御する役割の武家伝奏が機能せず、むしろその先頭に立ったため、幕府が彼らを処分したこと、これらが朝幕関係崩壊の序章となったことを理解させる。

本来の武家伝奏と幕府、京都所司代の関係について、次の史料を読み武家伝奏が「公家・武家の御為」という意識を持っていたのはなぜか、武家伝奏の広橋兼胤は誰に対して、なぜ血判をしているのかと問う。

【広橋兼胤公武御用日記　寛延三(一七五〇)年六月二十五日】

伝奏の役儀勤仕について、公家・武家の御為、聊かももって疎略に存じまじく候。……右、違背致すにおいては、梵天・帝釈・四大天王すべて日本国中大小神祇御罰を蒙るべき者なり。

寛延三年六月二十五日　　　兼胤血判

堀田相模守殿

酒井左衛門尉殿
本多伯耆守殿
松平右近将監守殿
松平豊後守殿

（『近世史料』八九〜九〇頁。読み下しは筆者。）

この史料が武家伝奏就任時のものであること、宛名は堀田相模守以下の老中と京都所司代であること、武家伝奏は京都所司代邸に日参して指示を仰ぎ、幕府が朝廷に出す指示を徹底させる公家の統制機構としての役割を担っており、役料は幕府が支給していたことについて説明する。

この時期について『新日本史B』（山川出版社、二〇一三年文部科学省検定済、二〇一六年発行。以下、『新日』）は、「十八世紀後半になると、朝廷も、天明の飢饉の際、窮民の救済を幕府に申し入れたり、さまざまな儀式や神事を復古・再興させ、さらに御所の一部を平安時代の内裏と同じ規模に造営するなど、新たな動きをみせた。松平定信は、幕府が政治をおこなう正統性の根拠を天皇からの委任に求める大政委任論の立場を表明し、ゆらぎ始めた朝幕関係と幕府の安定をはかった」（二〇四頁、傍線は筆者）と叙述する。傍線部は天明大飢饉の際、京都を始め近畿圏一体で三万人から五万人が、御所を囲み飢饉の苦痛からの解放を願って御賽銭を投げた御所千度参りが背景にある。次の史料を読み人々は天皇・朝廷に何を求めたのか、それに対して天皇・朝廷はどう対応したか、朝廷の対応に幕府はどう反応したかと問う。

【落葉集九　天明七（一七八七）年六月二十九日　御所千度参り】

当日七日ころより、何より申し出で候儀に御座候や。禁裡御所へ御千度参りはじまり、最初百人ばかりも参り候よし。それより日ごとに増長、京都中は申すに及ばず近在より参詣、老若男女貴賤の論なく毎日参詣、誠に布引に御座候。南門・唐門の参銭四十貫文余毎日御座候よし。もっとも其の内十二銅包紙に色々願書共訴も御座候よし。

（『近世史料』二八二〜二八三頁。読み下しは筆者。）

朝廷が幕府に困窮民の救済を要請して救い米が実現したこと、これが先例となり天保の飢饉時にも朝廷は幕府に救済を要請したこと、民衆が朝廷と天皇に対して現状改善への期待を持っており、それが天皇の権威高揚を象徴していることをそれぞれ説明した上で、幕府の権威低下を背景に伝統的な朝幕関係が崩壊へと至っていることを理解させる。

大政委任論[24]に関して、松平定信が将軍徳川家斉に将軍の心得を述べた次の史料を読み、定信は朝廷と将軍の関係をどう考えていたか、定信が大政委任論を持ちだしてきた狙いは何かと問う。

【有所不為斎雑録　天明八（一七八八）年十月　御心得之箇条】

何ゆえに斯は御尊くあらせられ候と、常々思し召さるべく候。……六十余州は禁廷より御預かり遊ばされ候御事に御座候はば、かりそめにも御自身の物に思し召すまじき御事に御座候。将軍となられ天下を御治め遊ばされ候は、御職分に御座候。……

（『近世史料』二八四頁。読み下しは筆者。）

定信は、日本は朝廷から将軍に預けられたもので、将軍はそれを太平に治めることが勤めであるとの考えを持っていたことを読み取るとともに、天皇と朝廷を利用して幕府支配の正当化をはかろうとしたことを理解させる。

逆転期[25]——孝明天皇の時代

幕府はペリー来航、条約締結、将軍継嗣問題など内憂外患の中、弱体化した幕府権力を朝廷権威によって補強し、難局を打開しようとしていた[26]。孝明天皇は鎖国攘夷を強調すると同時に、公武一致を唱え伝統的な朝幕関係を維持しようとした。一方、天皇を戴く形で朝廷復古をめざす中・下級公家の動きが活発化し、諸大名による開国・条約締結の是非への提言や幕政関与が、混沌とした状況に拍車をかけた。寺院への大砲鋳造のための梵鐘徴集の太政官符、[27]国事御用掛や国事参政寄人の設置など朝議構成員の拡大、[28]天皇が長州藩主を参議に直接任命したこと、[29]武家伝奏補任の幕府への事後承諾、[30]後光明天皇以来二一三年ぶりの行幸、[31]水戸藩への戊午の密勅など、[32]朝幕関係の枠組みを逸脱する動きが相次ぎ、総体として天皇と朝廷の権威が顕在化し、やがて大政奉還、王政復古へという流れがつくられていった。

こうした動きの内実を理解させるために次の史料を読み、朝廷は日米修好通商条約締結をどう捉えているか、また幕府に何を求めているかと問う。

【朝廷御沙汰書　安政五（一八五八）年三月二十日】

墨夷之事、

神州の大患、国家の安危に係り、誠に容易ならず、……もっとも往年の下田開港の条約、容易ならざるの上、今度の仮条約の趣にては、御国威立難く思し召され候。且諸臣群議にも、今度の条々、殊に御国体に拘り、後患難測るの由言上候、なお三家以下諸大名へも、台命下され、再び衆議に応ずるの上言上あるべく仰せいだされ候事。

（歴史学研究会編『日本史史料4　近代』〈岩波書店、一九九七年〉二六頁。読み下しは筆者。以下、『近代史料』。）

条約交渉に当たり、対外的・国家的危機の中で「神州」「御国威」「御国体」との文言が使われていること、諸大名の意見も聞くべきとする実質的な条約不勅許の回答、中・下級公家の群議が朝廷内世論を形成したことなどから、[33]伝統的な朝幕関係を前提とした朝廷統制がもはや不可能となっていたことを理解させる。文久の幕政改革について次の史料を読み、朝幕関係はどう変化したかと問う。

【聖策三ヶ条　大原勅使宛　文久二(一八六二)年五月二十日】

第一、

大樹公早ク諸大名ヲ率ヒ上洛アツテ、朝廷ニオイテ、相共ニ国家ノ治平ヲ計議シ、万人ノ疑ヲ散セシメ、皇国一和ノ正気トナシ、速ニ蛮夷ノ患難ヲ攘ヒ、……

第三、

一橋刑部卿ヲ後見トシ、越前前中将ヲ大老トシテ、幕府ヲ扶ケ、政事ヲ計ラシメ……

(『近代史料』四三頁。)

朝廷は、国家を共に治め、攘夷を実行するために、将軍が上洛して公武で協議することを求めたことと、朝廷が一橋慶喜を将軍後見職とすることを求めるなど幕府人事に介入したことを読み取り、朝幕関係が逆転していたことを理解させる。また、大政委任の再確認について、次の史料を読み国家の大事には朝廷に対して伺いをたてる(幕府は自ら文化三〈一八〇六〉年九月におきたロシアとの軍事的な緊張状態を報告済み)との条件を付けた朝廷の狙いと、幕府にとってこの時期に、朝廷から「庶政委任」されることとの意義を考察させる。朝幕関係において自らの主導権を確保した上での公武合体を創出したい朝廷と、諸大名と朝廷が直接結び付いて影響力を行使することを回避したい幕府の思惑を、それぞれ理解させる。加えて幕府は自らの政権担当を正当化しつつ、それを円滑に進めるには朝廷のお墨付きが不可欠と認識していたことも理解させる。

【幕府に庶政委任の朝廷御沙汰書　元治元(一八六四)年四月二十日】

幕府の儀、内は皇国を治安せしめ、外は夷狄を征伏致すべき職掌に候ところ、……別段の聖慮をもって、先達て幕府に一切御委任遊ばされ候事ゆえ……但し国家の大政大議は奏聞を遂ぐべき事

(『近代史料』五三頁。読み下しは筆者。)

大政奉還に関わって次の史料を読み「皇国」「朝権」「聖断」との文言が幕府の国家観を表現したものであったことを理解させる。

【将軍徳川慶喜大政奉還上表　慶応三(一八六七)年十月十四日】

皇国時運の沿革を考え候に、……朝権一途に……聖断を仰ぎ、同心共に協力し皇国を保護つかまつり候えば、必ず海外万国と並び立つべく候、臣慶喜国家に尽くすところ是に過ぎずと存じ奉り候。

(『近代史料』七八頁。読み下しは筆者。)

王政復古について、次の史料を読み王政復古で廃止された官職と機関と、その狙いは何か、王政復古の原点は何かと問う。さらに『詳説』に掲載されていない、この史料文に続く「内覧・勅問御人数・国事御用掛・議奏・武家伝奏・守護職・所司代総テ被廃候事」を提示し、朝廷政治を天皇の親政、公家の輔弼体制とするため、それまで朝幕関係を担っていた武家伝奏・議奏・京都所司代、朝廷内に君臨していた摂関を真っ先に廃止し、従来の朝幕関係を全面的に否定したことの意味を理解させる。

【王政復古布告宮堂上宛　慶応三(一八六七)年十二月九日】

自今摂関・幕府等廃絶、……諸事神武創業の始めにもとづき、搢紳・武弁・堂上・地下の別なく、至当の公議を竭くし、……尽忠報国の誠をもって奉公致すべく候事。

(『近代史料』七九頁。読み下しは筆者。)

こうして幕府と不可分一体の関係にあった近世朝廷と公家社会を解体し、そこから近代天皇制が創出されていったことを理解させる。(34)

おわりに

歴史教育のあり方が問われている今、[35]史資料の読み取りによって歴史像を復元するという歴史学の原点[36]をあらためて見つめ直すとともに、歴史学と歴史教育の有機的連関[37]をより一層深めてゆく必要があると思われる。本稿では歴史学の成果である朝幕関係という視点を加え、従来の武家を中心とした幕藩制国家像からの転換をめざしたが、言及できなかった点も多い。例えば逆転期について『孝明天皇記』を読み解いた時に浮かび上がってくる、幕末の国家的危機感から攘夷を主張しつつも、あくまでも江戸時代の伝統的な朝幕関係を維持し、公武合体を推し進めた天皇の姿は、公武の協働によって誕生した近世朝廷そのものであり、下級公家の群議・群参との苦闘を経て、朝廷内で孤立を深め苦悶するその姿も、明治維新を迎えるにあたっては不可避であったことがわかる。[38]こうした諸相を幕末政治史の中に組み入れることによってより豊かな幕末維新像を描くことが可能になると考える。

(1) 堀新「近世朝幕関係論」(『歴史評論』七三五号、二〇一一年)で研究史が概観されている。朝廷運営の実際から朝幕関係を詳述したものとして久保貴子『近世の朝廷運営―朝幕関係の展開―』(岩田書院、一九九八年)がある。

(2) 幕藩制国家論は、天皇・朝廷を権威の源泉として近世国家に不可欠な構成要素とする(堀新他編『〈江戸〉の人と身分3　権威と上昇願望』吉川弘文館、二〇一〇年、二~四頁)。

(3) 加藤公明氏は、歴史意識について「歴史に対する興味・関心のことであり、歴史の到達点としての現在を評価する観点や問題意識」としている(加藤公明『考える日本史授業3』地歴社、二〇〇七年、一八一頁)。本稿では、歴史意識は歴史認識の延長線上にあり、歴史認識は史実を他の史実と関連付けて理解し、最終的に史実を価値づけることとする。

(4) 吉田洋子「江戸時代における朝廷の存在形態と役割―「禁中並公家中諸法度」の規定から―」(『日本歴史』四九五号、二〇〇三年十一月)。村井康彦氏は、公武の相互補完関係から日本社会や文化の構造を捉える観点について述べる。村井康彦「天皇・貴族・

武家」(村井康彦編『公家と武家　その比較文明史的考察』思文閣出版、一九九五年)を参照。

(5) まとまったものとして、山口和夫「統一政権成立と朝廷の近世化」と「近世朝廷の成長と変容」(いずれも杉森哲也編『大学の日本史　教養から考える歴史へ3　近世』山川出版社、二〇一六年)がある。

(6) 高埜利彦『江戸幕府と朝廷』(日本史リブレット36、山川出版社、二〇〇一年)五頁。江戸初期の「協調の時代から、実に徐々に、徐々に、幕藩権力による国家秩序の中で、朝廷は独自の存在を、幕藩領主や人々の中に萌芽として示し始め、やがて権威の自立・浮上となり、目に見える形になっていった」と総括的に述べる(高埜利彦「江戸幕府の朝廷支配」『日本史研究』三一九、一九八九年)。

(7) 藤田覚『天皇の歴史06　江戸時代の天皇』(講談社、二〇一一年)一四～一五頁。この点について、山口和夫氏は、五摂家の世襲であった関白職の簒奪や有力武家の公家高官職への参入などの豊臣政権時代の朝廷からの脱却を意図し、摂家重用や摂関と武家伝奏による朝議運営体制の構築という朝廷の近世化をはかったと指摘する(山口和夫「近世の朝廷・幕藩体制と天皇・院・摂家」大津透編『王権を考える　前近代の天皇と権力』山川出版社、二〇〇六年、二二一～二二二頁)。

(8) 岩波書店『日本史史料』(全五巻)は、「高校・大学一般教育の基本的教材として活用されることを主目標とし」て作成されたと、はしがきに述べられている。

(9) 時期区分については、前注(6)高埜論文を基本に、高校での授業構成上、追加補足した。

(10) 山口和夫「近世の公家身分」(堀新他編『〈江戸〉の人と身分3　権威と上昇願望』吉川弘文館、二〇一〇年)。

(11) 辻達也「徳川政権確立過程の公武関係」(辻達也編『日本の近世2　天皇と将軍』中央公論社、一九九一年)七〇～七一頁も参照。

(12) 前注(6)高埜書、五五頁所収。

(13) 前注(4)吉田論文に掲載の表から抜粋。

(14) 前注(6)高埜論文。なお、高埜氏は宗教政策としての側面について指摘し(前注(6)高埜書、二〇頁)、深谷克己氏も天皇と寺社の結合を解体させ、武家がその間に割って入ることを目的としたとする(深谷克己「幕藩制国家と天皇―寛永期を中心に―」北島正元編『幕藩制国家成立過程の研究』吉川弘文館、一九七七年)。本稿では朝廷と幕府の関係性に重点を置いた授業とするため、この点は言及しなかった。

(15) 後水尾天皇の宸翰の「忍」の字は、朝廷の古来の制度や習慣についての幕府からの干渉に対する「天皇のやる方ない思いをしのばせる」(後水尾天皇宸翰の複製品の説明文)ものと考えられる。

(16) 前注(7)藤田書、一三九～一四一頁、一一二～一一四頁。前注(6)高埜書、六三～七〇頁。

(17) 議奏の成立過程については、田中暁龍『近世前期朝幕関係の研究』(吉川弘文館、二〇一一年)二三五～二三六頁、二四八～二四九頁。

(18) 前注(7)藤田書、一一三～一一四頁。

(19) 高埜利彦「宝暦事件について」(『歴史と地理　日本史の研究』二三九号、二〇一二年十二月)。前注(7)藤田書、一五七～一七二頁に詳述。

(20) 河内祥輔「学芸と天皇」(石上英一他編『講座・前近代の天皇　第4巻　統治権的諸機能と天皇観』青木書店、一九九三年、一三〇～一三九頁)。

(21) 前注(7)藤田書、一九頁。

(22) 「禁中御学問講」では、天皇と公家らが、読書・和歌・連歌・有職故実・手習い・琴・詩・儒学などの教養と実務について、出席者同士が教え合って学んでいた。本多慧子氏は、その創設を「禁中」第一条に対応したものと指摘する(「後水尾天皇の禁中御学問講」『書陵部紀要』第二九号、一九七七年)。前注(7)藤田書、七九～八五頁。

(23) 光格天皇は君主意識、皇統意識、朝廷復古志向(大嘗祭、新嘗祭、禁裏御所の再建など)が強かった(前注(7)藤田書、二四八～二五七頁)。

(24) 藤田覚「近世朝幕関係の転換―大政委任論・王臣論の成立―」(『歴史評論』五〇〇号、一九九一年十二月)。松平定信の天皇観について、前注(7)藤田書、二六九～二七一頁。

(25) 高埜氏は一八六二年末から一八六三年を逆転のターニングポイントと指摘する(前注(6)高埜書、一〇二～一〇三頁)。

(26) 紙幅の関係で言及しなかったが、施超倫「幕末の外国情報奏聞と条約「奏請」への転換―幕藩制の構造的特質との関係について―」(『歴史学研究』七一四、一九九八年)、藤田覚『幕末の天皇』(講談社、一九九四年)一四四～一四九頁をもとに、弘化三(一八四六)年の「海防勅書」などから外国との関係を契機として幕末の朝幕関係を捉える視点での授業構想も可能である。

(27) 深谷克己「近世の将軍と天皇」(『講座日本歴史6　近世2』東京大学出版会、一九八五年)。
(28) 中川宮が親王として初めて朝議に参加し、下級公家も参画していく(前注(6)高埜書、一〇一頁)。
(29) このことで幕府による武家官位執奏の独占が形骸化した(前注(6)高埜書、一〇二頁)。
(30) 幕府による内慮伺いが省略され、結果のみが知らされることとなった(前注(6)高埜書、一〇二頁)。
(31) 幕府の奏請によって実現したもので、将軍と大名が供奉し賀茂神社と石清水八幡宮での攘夷を祈願した(前注(6)高埜書、一〇四頁)。
(32) 幕府を介することのない大名への直接命令であり、政務委任・公武合体からの逸脱とする(前注(7)藤田書、三一六〜三一七頁)。
(33) こうした動きを公家一揆と呼んでいる。経緯は前注(7)藤田書(三〇五〜三一一頁)に詳述。
(34) 山口和夫「朝廷と公家社会」(歴史学研究会・日本史研究会編『日本史講座6　近世社会論』東京大学出版会、二〇〇五年)二六五頁。
(35) 鈴木哲雄氏は、新学習指導要領(二〇一八年三月告示予定)で設置予定の「歴史総合」を念頭に、歴史教育は、市民性教育・多文化教育としての社会科歴史教育であるべきことを主張する(鈴木哲雄『社会科歴史教育論』岩田書院、二〇一七年、一五〜一七頁、三四七〜三五〇頁)。
(36) 遅塚忠躬『史学概論』(東京大学出版会、二〇一〇年)。
(37) こうした問題意識にもとづいたものとして、遠山茂樹『歴史学から歴史教育へ』(岩崎書店、一九八〇年)、歴史学研究会編『歴史学と歴史教育のあいだ』(三省堂、一九九三年)、今野日出晴『歴史学と歴史教育の構図』(東京大学出版会、二〇〇八年)、歴史教育者協議会編『前近代史の新しい学び方　歴史教育と歴史学との対話』(青木書店、一九九六年)、桃木至朗『わかる歴史・面白い歴史・役に立つ歴史─歴史学と歴史教育の再生をめざして─』(大阪大学出版会、二〇〇九年)。なお桃木書の書評として成田龍一「『わかる歴史・面白い歴史・役に立つ歴史』、あるいは歴史学「再生」の場所について」(『UP』東京大学出版会、二〇一〇年二月号)がある。直近では、『歴史学研究』九三六(二〇一五年十月)において、「史料の面白さ、歴史教育の現場」を特集し、歴史研究と歴史教育の関係を相補的と主張している。
(38) 前注(7)藤田書、三三五頁。

報告―②

日本の近世後期外交の研究と高等学校日本史教科書の記述について

幡本将典

はじめに

高等学校日本史教科書は数多くあるが、それらは各時代について共通する語り口を持っている。近世の外交についていうと、大体次のようになるのではないか。

江戸時代初期に鎖国体制が確立し、外交の窓口は制限される。寛政期に列強が接近し、対外的な危機意識が高まるが、幕府は鎖国政策を継続する。しかしペリー来航以後、アメリカの強い態度に屈した幕府は、無勅許で通商条約に調印し、国内では尊王攘夷論が高まり幕政は混迷をきたした。尊王攘夷論はやがて幕府批判へと向かい、列強との接触の中で攘夷の不可能を知った薩摩藩・長州藩は倒幕に向け同盟して明治維新に向かい、開国和親を方針とする新政府が樹立される。

細かい点については説明の仕方に違いがあるかもしれないが、高等学校ではおよそこのような枠組みで近世の外交史が説明されているのではないだろうか。本稿では、日本の近世後期外交についての研究者の議論を参照しながら教科書記述を分析し、このような枠組みが妥当であるのか考察したい。

1　幕末政治史をめぐる問題

「薩長が開国に転じ、保守的な幕府を倒した」というシェーマの問題

青山忠正氏は、『日本近世の歴史6　明治維新』（吉川弘文館、二〇一二年）の中で、次のような指摘をしている。

いわゆる明治維新については、不思議な〈常識〉がまとわりついている。たとえば、尊王攘夷論の長州藩は元治元（一八六四）年八月の下関戦争で攘夷の不可能を悟り、一転して開国論に変じて幕府を倒し―、といった類である。しかし、そもそも攘夷論が真に夷狄の打ち払いを叫ぶものなら、戦争で大砲を分捕られたくらいで（陸上戦では互角である）、開国論に一転するはずもないし、もし仮に開国論に転じたのなら、幕府と政策方針が一致するのだから、これを倒す理由がないではないか。……ならば先のような〈常識〉は、なぜ、いつ、どのようにして成立し、「国民」のあいだに浸透しているのか。結論だけを言えば、昭和戦前期の国家権力がみずからの正統性を歴史的に跡付けるため、物語を創作し、流布された結果である。(1)

青山氏はこのように述べ、長州が攘夷の不可能を悟り、開国に転じて、保守的な幕府を倒したというシェーマを批判している。さらに青山氏は、山県有朋が明治になってから井伊直弼の評伝に序文を寄せて、井伊直弼こそが開国への道を切り開き、日本のピンチを救ったと高く評価していることを紹介し、その文章の中に長州が保守的な幕府を倒したという認識がないことを指摘し、維新の語りが時代によって姿を変えていくものだということを示している。(2) また、同書の冒頭では、幕末政治史のとらえ方について次のように述べている。

「開国」に相当する出来事は、安政五（一八五八）年六月以降に調印された通商条約の解釈と運用である。その解

釈と運用のあり方をめぐって、さまざまな立場と考え方に立つ勢力が、みずからの主張を貫こうと争ったのである。[(3)] それを仮に「開国」と「攘夷」の対立のように単純化してしまうと、内容が見えなくなる。

青山氏は、幕末政治史を薩長と幕府の対立として単純に描くことを批判し、さまざまな勢力が新しい世界体制に向き合おうとする姿を総合的に描くことを提起している。

高等学校日本史教科書における幕末政治史

このような指摘をふまえ、高等学校日本史の中で幕末の政治史がどのように語られているのか、現在使用されている「日本史A」「日本史B」の教科書記述の分析を通して明らかにしたい。薩長が倒幕に向かう状況は、ほとんどの教科書で次のように書かれている。薩摩・長州が薩英戦争や下関の砲撃ののち、攘夷の不可能を知りイギリスに接近し、倒幕方針に傾き同盟を結ぶ。「薩摩、長州が開国に転じた」という表現をしている教科書はないが、多くの教科書で、薩摩と長州が共に攘夷の不可能を知ったことをきっかけに同盟して、倒幕に向かっていくという叙述がなされている。薩摩の諸侯会議構想が幕府に拒否され、それをきっかけに薩摩は長州に接近して倒幕に向かった、という内容を記述している教科書もあるが、それはごく少数である。[(4)]

一方、倒幕直前の幕府は、教科書にどのように描かれているだろうか。近年、徳川主導の諸大名会議構想、いわゆる公議政体構想について記述する教科書が増えている。[(5)] このような記述は、幕府が世界情勢の変化に対応して新体制に向かおうとしたことを説明する手掛かりとなり得るものである。しかし、そのような記述をしている教科書でも、幕府側の勢力が青山氏がいうところの通商条約をめぐって「みずからの主張を貫こうと争った」主体として描かれているとはいいがたい。幕末における幕府の外交姿勢について、教科書にどのように記述されているか分析したい。

近年さまざまな研究で、外交において幕府は無能であったというイメージが否定されている。[(6)] 例えば加藤祐三氏の研究によると、ペリー来航時の老中らの国際情勢の理解力、情報収集力、交渉力、語学力など全体としての外交力は極めて高かったという。[7]しかし、教科書には幕府の外交姿勢を評価するような記述は、ほとんどない。幕府がアメリカに対して〝したたかで粘り強い交渉を行った〟とする記述もあるが、[8]ごく少数の例である。堀田正睦らが明確に開国政策を打ち出したことや、[9]開国推進派が登用されたことなど、[10]幕府が主体的に開国策をとろうとした側面を説明する記述もあるが、これもごく少数の例である。日本史教科書の記述全般に、幕府の外交姿勢を明確に記していないという傾向がある。

そのような傾向について考えるため、例として日米修好通商条約締結についての教科書記述を検討してみたい。通商条約締結過程については、ほぼすべての教科書で、ハリスによる英仏脅威論に押され、幕府は無勅許調印に踏み切ったと叙述されている。しかし、ハリスによる英仏脅威論について言及していない教科書が一冊だけあり、その中では次のように叙述されている。

開港の条約を結んだのち、幕府内部では、日本の発展には積極的に西洋諸国と通商し、その利益を海防や西洋技術の導入に当てることが必要だ、という意見が有力になった。その結果、老中の堀田正睦にひきいられた幕府は、一八五七(安政四)年、オランダやロシアとの条約を改定して正式に通商の開始を取り決めた。翌一八五八(安政五)年に、アメリカの代表ハリス総領事と大老になった井伊直弼とのあいだで、国交の開始を含む、より開放的な日米修好通商条約を結んだ。[11]

ハリスの英仏脅威論についての言及がないことに加えて、幕府内部の積極的通商論、オランダ・ロシアとの条約改正による通商の開始などについて叙述されていることが、この教科書の特徴である。このような記述が意図するものは何だろうか。

この教科書『現代の日本史A』(山川出版社)の執筆者の一人である三谷博氏は、日米修好通商条約について次のような議論を展開している。[12]一八五四(安政元)年の日米和親条約は、幕府側の認識としては鎖国の延長であり、かろうじて通商を排除したものであった。一八五五(安政二)年に日英協約に調印した際も、幕府はイギリスの通商要求を拒み通した。しかし一八五六(安政三)年、日英協約の内容に不満を持ったイギリス政府が、前任者である艦隊司令長官を更迭し、香港総督を通商使節として派遣するという情報が伝わると、幕府内部で積極的な立場から通商に踏み切るべきという意見が出てきた。その結果、幕府は交易の利益で富国強兵を行うことも含めた交易方法の検討に入り、老中首座堀田正睦に対外関係の取り扱いを命じた。幕府内では交易の可能性をさぐる意見と慎重論が交錯する中、第二次アヘン戦争勃発の情報が幕府に入り、堀田は開国通商に向け積極的に行動する決意を固めた。また、同じ頃ハリスが下田に到着し、幕府に対して、江戸に出府し老中に重大な案件を伝えたいと強く要求した。これらの情勢の中で、日本・オランダ間の限定的な通商に向けての動きが促進され、一八五七(安政四)年に日蘭追加条約が締結され、翌月にはロシアとも同様の条約が調印された。これらの条約を結ぶ方針は、堀田らが主体的な意欲と漸進的な計画に基づいて立てたものであった。一方、堀田はハリスの江戸出府を拒み続けていたが、アメリカの軍艦が下田に到着したことなどもあり、出府を認めることになった。通商に関する交渉も江戸で行われ、日本側の全権岩瀬忠震らは日蘭追加条約を基本として漸進的に自由貿易を行うことを主張したが、ハリスの弁舌と交渉技術により日蘭・日露の追加条約以上に開放的な「通信・通商」条約を締結することになった。しかし、このような結果になったのは岩瀬ら開国推進派が漸進的な自由主義貿易を企図しながら、ハリスの主張と合致する方針も併せ持っていたからだとも考えられる。

以下、三谷氏の議論をまとめると次のようになる。

・ハリスに自由貿易を強く求める意思があったことは事実であるが、幕府が開国是認に政策転換したのは直接的な外圧によるものではない。

・幕府の方針転換の際に念頭に置かれていたのは、アメリカではなくイギリスであった。

・幕府内の開国推進論者は主体的に開国通商に向け行動し、その方針にはハリスの主張に合致する部分があった。

三谷論文に従うと、日米修好通商条約締結をハリスの圧力によるものと説明するのは、その政治過程をあまりにも単純化しているということになる。前出の教科書に、ハリスの圧力に関する記述がないのは、このような考えを背景にしているからなのではないだろうか。しかし先に述べたように、現在使用されている教科書で、幕府内に通商を志向する勢力があったことに言及しているものは、ほとんどない。高等学校日本史教科書は、幕末における幕府の外交姿勢について、明確に記述するべきではないだろうか。

幕府外交無能論について直接的に記述する教科書は、ほとんどない。しかしこれまでみてきたように、多くの教科書では幕府の外交姿勢の主体的な側面を記述をせずに、その一方で〝薩長が攘夷の不可能を悟って倒幕に動いた〟と叙述している。このような構造は、結果的に〝開明的な薩長が旧態依然とした幕府を倒した〟というシェーマを補強すると考えられる。つまり現在の高等学校日本史教育の枠組みの中では、幕府と薩長の対立を単純に描く歴史観が再生産され続ける可能性がある。

青山氏は幕末政治史を、さまざまな勢力が新しい世界体制に向き合おうとする過程として描くことを提起した。日本史教育の中にこの提起を取り入れるとしたら、幕府内に通商を志向する勢力が存在していたことを、教科書に組み込む必要があるのではないだろうか。このようなことに言及することは、幕府外交無能論を相対化し、幕末に展開した複雑な政治過程をさまざまな角度から考えることにつながる。

2 近世後期の外交と「鎖国」をめぐる問題

寛政期以降の外交と鎖国祖法観の成立

前節では、高等学校日本史教育において〝開明的な薩長が旧態依然とした幕府を倒した〟というシェーマが強固に存在し、それを乗り越えるために、幕府内の通商論を教材化する必要があることを指摘した。幕府内の外交をめぐる議論は、ペリー来航に始まるものではなく、寛政期以降の列強接近を機に本格的に論じられるようになったと考えられる。幕府内の通商論を歴史教育に位置づける方策を模索すべく、本節では寛政期以降の幕府外交についての研究と教科書記述を検討する。

藤田覚氏は寛政期以降の外交について、次のように述べている。[13] 一七九三(寛政五)年に幕府は、ラクスマンに渡した国法書で、国交のない国の船の来航を禁じるのが国法であると示す一方で、長崎への入港許可証を同時に渡している。このとき松平定信は、ロシアとの通商を覚悟していた。しかし、その際に通商許可と鎖国の法との関連に注意が払われている形跡はない。幕末の官吏が通商条約の締結について、鎖国の法との整合性について悩んでいたことと比べると対照的である。これはラクスマン来航時において、鎖国祖法観が成立していなかったことを示しているのではないか。定信の失脚後に幕府内では、交易は長崎に限定し、新規の通商は行わないという老中の合意が形成された。そこで、一八〇四(文化元)年に長崎に来航したレザノフへの回答では、琉球・朝鮮・中国・オランダ以外との通信通商の関係を持たないのが祖法であるとし、通商を拒絶した。鎖国祖法観が成立したのは、この段階といえるのではないか。その後、ロシアによる蝦夷地襲撃事件を受けて、幕府内にロシア貿易容認論が出てくる。大国ロシアとは戦えないという蘭学者などの意見を背景に、そうした意見はかなりの支持を受けた。その後、幕府の外交政策は鎖国策と開国策とが激しくせめぎ合ったが、結局幕府はロシア船打ち払いの方針を出し、鎖国堅持を貫いた。このように、鎖国祖法観はロシアとの二度にわたる交渉の中で成立し、紛争を通して強固なものとなり、幕末まで幕府の外交方針を縛ることになった。しかし紛争を回避するため、ロシアとの貿易容認論や開国論がその対極に生まれ、せめぎ合ったことも、幕末の開国政策との関連で忘れてはならない。以上が藤田氏の議論の概要である。

また、横山伊徳氏は次のように述べている。[14]十九世紀「大御所時代」は、幕政が弛緩し、幕藩体制的全国流通システムが弱体化し始めた時期であり、対外政策の処理を松前・対馬・薩摩の各大名にゆだねるという傾向が強まった。いわゆる「四つの口」が、むしろ十九世紀になって定着してくるという議論もある。[15]そのような時代背景の中で、幕府は蝦夷地非上知、家役による対外関係の処理、幕府による対外貿易抑制論、異国船打ち払いという政策を打ち出す。しかし、これら鎖国策を強化するかのような政策は、伝統に依拠した古い政策体系ではない。これらの政策体系は、対外貿易に政治的な意味を見いだし、対外関係処理に幕府の主体性を発揮しようとする立場が十八世紀末に生まれてきたことに対し、それとの対抗上、はじめて政治的に意識化されて、現実化した政策体系と考えられる。以上が横山氏の議論の概要である。

高等学校日本史教科書における寛政期以降の外交

藤田氏・横山氏によれば、鎖国祖法観は十八世紀末から十九世紀前半に強まり、その背景には幕府内に生まれた貿易容認論に対抗する勢力の思惑があったということになる。このことについて、先と同様に高等学校日本史教科書の記述を分析したい。

鎖国祖法観が寛政期以降に強まるということについて記述している教科書は、ほとんどない。『高等学校日本史A最新版』[16]（清水書院）三二頁にはロシアの接近に関する記述のあとに「幕府は、外交折衝の場は長崎に限定され、また新規の国交樹立は国の方針に反する（鎖国祖法観）として、ロシアの要求を拒否した」とあるが、鎖国祖法観が寛政期以降に強まったことは説明していない。『現代の日本史A』[17]（山川出版社）一二頁には、十八世紀末のロシア使節の来航について触れたあと「このころから、幕府は日本人の出入国の禁止に加えて、外国人の日本への来航もきびしく制限し、長くつきあいの続いていた朝鮮・琉球・中国・オランダ以外は来航を許さないことにした」という記述がある。これは「鎖国祖法観」という用語がないながらも、鎖国祖法観が寛政期以降に強まったことを記していると考えることができる記述である。しかし、鎖国祖法観が寛政期に強まるという記述があっても、対外交易を志向する勢力と、それに反対する勢力のせめぎ合いの中で強まっていったという内容にはなっていない。また『日本史B』[18]（実教出版）一九七頁では、「鎖国が祖法であるとする考え方は、このころから幕府内に確立していった」という註があるが、これも鎖国祖法観の確立過程についての詳しい記述はない。

寛政期の外交の部分で、「鎖国」「四つの口」という用語が出てくる教科書は多数あるが、寛政期に四つの口、鎖国体制が動揺したという説明に終わっており、「鎖国」という概念が寛政期以降に浮上してきたものであることについては語られていない。また、「鎖国祖法」「国法」とい用語が出てくる例も数冊あるが、ロシアの要求を拒否する理由として言及されているに過ぎない。

幕府内の貿易容認論と鎖国論の対立についての記述は、すべての教科書にない。強いていえば、蝦夷地開発論、非開発論の対立ということについて記している教科書が一冊あるが[19]、そこにおいてもその対立の背景に、貿易容認論とそれに反対する勢力の対立があったことへの言及はない。また、ラクスマンに対し通商の可能性をほのめかしたことについて記述する教科書が数冊あるが、松平定信が通商を覚悟していたことや、幕府内の貿易容認論への言及はない。そのような叙述の中で、通商の可能性をほのめかしたことを記述しても、それはラクスマンを追い返すための方便であったという説明にしかならないと考えられる。以上のように、現在使用されている教科書では、鎖国祖法観が寛政期以降に成立し、その過程で貿易容認論と鎖国論がせめぎ合ったことを説明することは、難しい状態になっている。

歴史教育における「鎖国」の再検討

「鎖国」という用語については、志筑忠雄が十九世紀に翻訳したのが初出であるということが、一九九〇年代頃から教科書に記されるようになった。それにともない、それまで「鎖国令」と記載されていた法令の名称が「寛永十二年令」などのように記されるようになり、教師・生徒ともに「鎖国」という用語は、十九世紀以降に成立したものであるということに注意を払うようになったと考えられる。しかし、「鎖国」という用語が十九世紀に生まれたものだということを認識していても、海外との通交を制限する方針は寛永期以来の祖法であるという考え方(鎖国祖法観)が、寛政期以降に成立したものであるとは、意識されてこなかったのではないだろうか。教科書は、〝江戸時代の初めに長崎貿易、薩摩・対馬・松前による対外交易管理体制が確立し、その体制は欧米との条約締結まで堅持される〟という内容で記述されており、「鎖国」に相当する体制は江戸の初めから存在していたという認識を導き出す構成になっている。このような枠組みの中で、鎖国祖法観の成立を授業の中に組み込むことには、どのような可能性があるだろうか。

鎖国祖法観が寛政期に成立したということを、藤田氏や横山氏の研究に即して授業に組み込めば、幕府内に対外交易の可能性を模索する勢力がいたことを示すことができる。このことは、幕末に対外交易を志向する役人が一定数存在していたことへの理解を促すことにもなる。そしてそれはさらに、幕府が外交に対して無能であり、開国に目覚めた薩長が新政府を樹立したというシェーマを克服する糸口にもなり得る。

また、鎖国祖法観が寛政期以降に強まることが明示できれば、田沼政権の対ロシア貿易構想を鎖国政策との齟齬という疑問を生じさせることなく説明できるのではないか。これまでの教科書でも、田沼政権の対ロシア貿易構想については必ず記述があった。しかし、鎖国祖法観の成立についての説明を欠落させたまま、田沼意次のロシア貿易構想について考えると「鎖国体制下において、なぜ田沼の対ロシア貿易構想は大問題にならなかったのか」という疑問が浮かぶ可能性があった。教科書には、この疑問に答える記述がほぼない。このように考えると、教科書の十七世紀外交の部分に志筑による「鎖国」翻訳についての説明と同時に、その祖法観が寛政期以降に強まることについても言及する必要があるだろう。

田沼意次や松平定信が「鎖国」を祖法と認識していなかった可能性があるとするならば、鎖国体制の教科書記述にも工夫が必要になるのではないだろうか。『高等学校日本史A最新版』(清水書院)は、第一章の冒頭に「十八・十九世紀の世界とアジア」という節があり、大航海時代は十七世紀後半に収束したという説明のあとに次のように記述している。

ヨーロッパ諸国は、拡大した植民地の統治とその宗主権の確立に、力を注がざるをえなくなったため、東アジア貿易の縮小や撤退が進んだ。……しかし十八世紀後半になると、ヨーロッパの関心がふたたび東アジアへと向かった。

この記述は、十八世紀後半までヨーロッパ諸国が日本に近づかなかったのは鎖国体制のみが原因ではなく、東アジア貿易の縮小によるものであるということを示唆している。本稿では、近世初期外交やヨーロッパによるアジア貿易についての教科書記述の検討をしていないが、鎖国祖法観の成立と教科書記述について考えるには、これらのことについても分析する必要があるだろう。今後の課題としたい。

おわりに

本稿の執筆にあたり、鎖国祖法観の成立について考察し、教科書記述を分析する中で自分の実践に欠けている論点が浮かび上がり、認識を新たにすることが多かった。しかし、本稿で参照した藤田氏の論考は、二〇年以上前に出版された『岩波講座日本通史』[20]などを中心とするものであり、教師になりたての筆者がかつて教材研究のために読んでいたものであった。論文の画期的な論点に気づかぬまま、本を読み進めていたのだと思う。このように、すでに二〇年以上前から、研究者は重要な論点を提示しており、またそれは手に入りやすいシリーズにまとめられている。それらの書物から学び教材研究するのが、教師にとって大変重要なことだということを改めて認識した。

あらゆる論点が教科書に記載できるわけではないので、教科書の記述に望む前に、まず自ら研究する姿勢を持つことは最も重要なことであろう。教科書によっては、指導書の中に「鎖国祖法観について」という項目を設けて、藤田氏の議論を抜粋したような内容を記載しているものもある。また、先にみたとおり教科書の寛政期外交の部分で「四つの口」「通信・通商の国」「鎖国祖法」などの用語が、断片的ながら本文に載るようにもなってきている。研究の成果は、少しずつではあるが教科書記述に反映されていると考えられる。これらの用語があるだけでも、教師が教材研究をする手掛かりとなる。

しかし、断片的な用語だけではなく、いくつかの補助線となるような文言とともに書かれていなければ、教師が重要な論点に気がつかないまま、教材研究が行われてしまう可能性もある。例えば、鎖国祖法観が成立した過程や、貿易容認論とそれに反対する考えの対立などについて、少しでも言及があれば、それが教師の教材研究の入り口になり得る。教師の絶え間ない教材研究を前提としながら、多くの教師が重要な論点を見逃さないような教科書・指導書の構成にも期待したい。

(1) 青山忠正『日本近世の歴史6　明治維新』(吉川弘文館、二〇一二年)二九一頁。
(2) 同右、二六九頁。
(3) 同右、三頁。

(4) 例えば『現代の日本史A』(山川出版社、二〇一二年文部科学省検定済、二〇一五年)一九頁には次のような記述がある。

薩摩藩などの公議派大名は朝廷と幕府のあいだを仲立ちして、和解を実現させた。かれらは見返りに政権への参加を求めたが、幕府はこれをこばんだ。そこで薩摩藩は、攘夷政策を捨てつつあった長州藩に注目し、接近した。

(5) 例えば『日本史B』(実教出版、二〇一三年文部科学省検定済、二〇一六年)二二五頁には次のような記述がある。

天皇を頂点とする公議政体の平和的樹立をめざしていた土佐藩の後藤象二郎は、慶喜に自主的に政権を朝廷に奉還させるという大政奉還論を考え、前藩主山内豊信(容堂)の承認を得たうえで、これを慶喜に建白した。慶喜は新たに樹立されるはずの公議政体で主導権をにぎることを期待して、この建白を受け入れ、討幕の密勅と同日の十四日、大政奉還を朝廷に申し入れた。

「公議政体」という用語には「幕府の専断ではなく、ひろく公論に従った政治体制(公議政体)を樹立するため、国会(具体的には大名会議)をつくるべきとする考えで、幕末に従来の幕府政治への批判が高まる中でひろがっていった」という註がついている。

(6) 加藤祐三『黒船異変』(岩波書店、一九八八年)、三谷博『明治維新とナショナリズム』(山川出版社、一九九六年)、井上勝生『幕末・維新』(岩波書店、二〇〇六年)、麓慎一『開国と条約締結』(吉川弘文館、二〇一四年)。麓書一頁では、一九八〇年代後半以降の開国過程をめぐる研究史が整理され、幕府の対外政策を積極的に評価する見解が通説になっていることが指摘されている。

(7) 加藤祐三「開国」(『岩波講座日本通史16　近代1』岩波書店、一九九四年)九六頁。

(8) 『高等学校日本史B最新版』(清水書院、二〇一三年文部科学省検定済、二〇一六年)一四九頁、『新日本史A』(実教出版、二〇一三年文部科学省検定済、二〇一四年)一二頁。『新日本史A』には、日米和親条約の内容が「人道主義的なもので、貿易は約束しませんでした。戦争の結果ではなく、交渉の成果としてゆるやかな「開国」となったのです」という記述がある。

(9) 『高等学校日本史A最新版』(清水書院、二〇一三年文部科学省検定済、二〇一六年)四七頁。前注(4)書、一三頁。『日本史A 現代からの歴史』(東京書籍、二〇一二年文部科学省検定済、二〇一四年)三六頁。

(10) 『新日本史B』(山川出版社、二〇一二年文部科学省検定済、二〇一五年)二二二頁、『日本史A』(山川出版社、二〇一三年文部科学省検定済、二〇一六年)二一頁。ただし、以上の教科書には永井尚志・岩瀬忠震・川路聖謨らが登用されたことしか記述がなく、彼らが開国推進派であることへの言及はない。前注(9)『高等学校日本史A最新版』四六頁には、老中阿部正弘による改革について述べる中で「積極的な人材登用をおこない、外国使節との折衝など重要な職務には優秀な人材を配置した」という記述がある。

(11) 前注(4)書、一三頁。

(12) 前注(6)三谷書、一三二頁。

(13) 藤田覚「十九世紀前半の日本―国民国家形成の前提―」(『岩波講座日本通史15　近世5』岩波書店、一九九五年)一五頁、藤田覚「近代の胎動」(『日本の時代史17』吉川弘文館、二〇〇三年)三七頁。

(14) 横山伊徳『日本近世の歴史5　開国前夜の世界』(吉川弘文館、二〇一三年)二七四頁。

(15) 鶴田啓「近世日本の四つの「口」」(荒野泰典・村井章介・石井正敏編『アジアのなかの日本史2　外交と戦争』東京大学出版会、一九九二年)三二〇頁。

(16) 前注(9)『高等学校日本史A最新版』。

(17) 前注(4)書。

(18) 前注(5)書。

(19) 前注(9)『高等学校日本史A最新版』三三頁には、蝦夷地直轄についての叙述の注として次のような記述がある。

幕府内には、蝦夷地の直轄化による積極的な開発を唱える意見と、松前藩預かりの不毛の地としておくべきであるという意見があった。結局、直轄化は進めるが、開発は抑制するという案が採用された。

(20) 前注(13)参照。

報告—③

儒学・国学・洋学と近代化の関わり

川浪範洋

はじめに

授業では、ある程度の時代が終わると文化史を取り上げ、その時代の特徴を把握・整理することが多い。中でも、美術・工芸・建築などは現代に伝わる具体的な歴史であり、視覚的にも理解しやすく、生徒も関心を示しやすい。一方、思想や文学については、時間的な制約もあり、肝心の中身を味わわせ、その特徴や歴史的意義に気づかせるということはなかなか難しい状況が多い。その結果、自分自身の課題であるが、特に江戸期の儒学や思想の発達について、何が歴史的に重要なのか、という体系的な理解をさせられぬまま、授業で当分野を取り扱ってきたところがある。

教科書では、儒学者の系統図や一覧表などで多くの人名や著書名が紹介されている。授業においての取り扱い方は、時間配分の制約もあり、儒学諸派の特徴や、個人の思想、著書などを簡単に紹介しながら、各派の流れを整理するという形で終わることが多いのではないだろうか。しかし、思想の発展や変遷については、社会全体との関連性や、江戸期における位置づけを理解することが必要である。それがなくては、近世での儒学や諸学問の歴史的重要性を理解させることは難しいと思われる。

近世の儒学について、教科書では「元禄期には、実証主義的な研究が儒学を中心に行われ、諸学問に多大なる影響を与えた」という旨で記述されることが多い。しかし、具体的に儒学がどのようにして諸学問に影響を与えたのか、また、江戸期の学問発達は、近代の発展に影響を与えたはずだが、儒学はどうそれに関わっているのか、ということなどは、教科書や周辺教材だけでは理解しづらいところがある。よって、その点の理解や整理を進めるために、ここで、いくつかの観点の紹介をしたいと思う。

その前に江戸期の位置づけについて一言ふれておくが、江戸期は日本の歴史区分上、「近世」に位置づけられている。近世は武士の時代であるから、中世の延長として捉える考え方、つまり近世と中世を封建的な時代として、同じ範疇とする考え方がある。中世と近世は親和性があり、近世と近代は分断性が高いという捉え方といってよい。しかし、そうではなく、近世は近代寄りとして捉えるべきではないか、近代の範疇で江戸期を捉える方がより実態に近いのではないか、とする研究もあり、その考えを尾藤正英は以前から提唱している(1)。どちらの捉え方がよりふさわしいのか、ということをここで検証することはできないが、江戸期に見られる近代性については、思想面でも多くの興味深い考え方があり、江戸期を封建的な時代として一面的に見るのではなく、多様な観点から意識する必要があると思われる。

1　朱子学の捉え方

江戸期における朱子学はどう位置づければよいのだろうか。生徒の思い込みや、漠然とした印象では、朱子学こそが江戸期当初からのイデオロギーであり、それが身分制社会を構築していた幕府の正学(官学)である、というイメージで捉えられることが多いと思われる。さらに、朱子学が思想界で圧倒的な優位性をもち、これが江戸期の体制を支えていたという認識をもっていることが多いのではないだろうか。しかし、丸山眞男の古い研究ではすでに、家康は、朱子学を体制原理として採用したのではない、ということが示され(2)、その後の研究もこれを大きく否定する動きにはなっていない状況である。少なくとも、家康は、林羅山を登用することにより、朱子学を体制維持のためのイデオロギーとして活用した、という視点ではない。

丸山は、林羅山のことを「百科全書家」であると表現している。この意味は、幕府初期の頃には、朱子学はイデオロギーとして捉えられたものではなく、役立つ学問の一つとしてしか認識されていなかった、ということにある。幕府は林家以外も学者として登用しており、林家はその一つである。朱子学を幕府初期からのイデオロギーとして捉えてしまうと、のちに出てくる多種多様な思想の人物(例えば、熊沢蕃山・山鹿素行や荻生徂徠など)が登場する可能性がなくなってしまうことになる。

特に熊沢・山鹿への弾圧については、朱子学が正学であるからという意味ではない。寛政異学の禁で、確かに朱子学は正学になるが、それは周知のとおり、諸学の研究を弾圧するものではなく、その後も江戸期にはさまざまな研究が行われている。朱子学がイデオロギーだったのであれば、他の思想の発展は阻害されたであろう。江戸期の多種多様な思想発展を理解させるためにも、このことは生徒に留意して説明する必要がある。

では、江戸期の朱子学について、教科書はどのように記述しているのであろうか。山川出版社の『詳説日本史B』(二〇一二年文部科学省検定済、二〇一六年発行)では、寛永期の文化の中で次のように記している。

学問では、室町時代に五山の禅僧が学んでいた朱子学を中心に、儒学がさかんになった。朱子学は君臣・父子の別をわきまえ、上下の秩序を重んじる学問であったため、幕府や藩に受け入れられた。京都相国寺の禅僧であった藤原惺窩は、還俗して朱子学などの啓蒙につとめた。門人の林羅山(道春)は家康に用いられ、羅山の子孫(林家)は代々儒者として幕府に仕えて、学問と教育を担った。(一八三頁)

確かに、ここでは、朱子学は体制を維持するためのイデオロギーであった、という表現はされていない。また、文末の「学問と教育を担った」という箇所では、先ほど述べた、家康が儒学を役立つ学問の一つとしてしか捉えていなかった、という観点を含んだ記述と見なすこともできる。だが、「朱子学は君臣・父子の別をわきまえ、上下の秩序を重んじる学問であったため、幕府や藩に受け入れられた」という箇所に引きずられ、家康の頃から朱子学を体制維持のための思想として特別扱いさせてきた、という感覚で読んでしまうことが多いのではないだろうか。(3)

日本の朱子学の特徴には、清や朝鮮と異なり、科挙を実施しなかった点がある。当初から幕府として統一した正当なる思想を、科挙によって敷衍しようとはしなかったのである(学問吟味が行われるのは寛政期以降)。幕府や大名は、経書解釈として朱子学をとろうが、陽明学をとろうが、その双方を批判しようが、基本的には関心がなかった、と渡辺浩は述べている。(4)

では江戸幕府は、何をイデオロギーとして自分たちの存在の正義を示していたのか。それは、「武威の国家」であると前田勉は主張している。(5)この概念は丸山が提唱した「兵営国家」という言葉とも重なるのだが、結局、朱子学はイデオロギーというものではなく、幕府統治のために使える一つの材料であった、と見なされている。以下、前田の論考(6)によりながら紹介する。

幕府を「武威の国家」とする捉え方は、江戸幕府の体制が、家康の元和偃武による「戦時下の体制」により世を治めているという点にある。幕府は、二百数十年間にわたる平時でも戦時下と同じように、軍隊的な統制方法により、庶民や国全体を統治しているのである。このことは、幕府は儒学・朱子学的な「徳」や「理」による統治の実現を目指す政権ではない、ということを示す。幕府の体制と、朱子学者の理想とする国家は合致していないのである。

その考え方に対して江戸期の朱子学者である佐藤直方は、悲憤を交えながら、武家諸法度の内容を非難している。彼は、秀忠の名で発布された元和の武家諸法度の、「法はこれ礼節の本なり。法を以て理を破り、理を以て法を破らず」という点に我慢がならなかった。この文では、朱子学的な「理」は「法」に優先しないことになり、幕府が定めるルールである「法」を超えるような朱子学的な「理」はあってはいけない、ということとなる。直方は、「そんなことがあるか。理が法に優先しないということがあるだろうか」という非難をし、それはまさに「兵学者の妄説」だと憤るのである。このことは、幕府の考える統治理念と朱子学者の考え方が違っているという一つの例示となる。

2 「役」の体系

次に、「役」の体系における個人と社会の関わりということについて取り上げたい。近世の身分制社会を尾藤正英は「役」の体系と名づけた(7)。近世における国と人との関係はどのように把握すればよいのだろうか。尾藤は、日本の近世に生きた人々は、それぞれが国家の中で何らかの「役」をもっていた、と捉えた。これは、各人がそれぞれの役目を務めることにより、各人は国家の一つ一つの構成要素となり、その要素によって有機体としての国家が成立する、という捉え方である。そのような社会では「役」のない無用者は社会において必要がなく、排除される存在となる。社会全体を支えるのはそれぞれの「役」をもった「各個人」という観念が生じていたこととなる。

「個人観」と「国家観」は近代国家を支える重要な観念であり、それが日本においていつ浮上してきたのかは大きな意味をもつ。藩の属性を越えた日本人としての意識は、ペリー等の来航を期に、「日本を欧米の軍事力から守らねばならない」という状況のもとで幕末から明治期に芽生えたというイメージがある。しかし、この「役」の体系で見る限りにおいては、個人の「役」を果たすことが社会全体の発展につながるのだという認識が、すでに江戸期には存在していたこととなる。江戸期の日本を「国家」と見なせるかどうかはまた別の問題として、国家、もしくは社会全体の中での個人の目覚め、個人の存在が江戸期の早い段階からあった、ということが考えられる。

江戸期の人々が果たすべき「役」とは、「士農工商」などの職分から派生されるものであった(ここでの士農工商とは身分ではなく職分を指す）。職分は家に付随するが、家には、さらに、果たすべき役割である「家職」がそれぞれに備わっている。例えば、武士の家といっても、それぞれの家で果たすべき務めは違う。それが「家職」である。そして家に所属する個人が家職に応じたそれぞれの「役」を担う。この形で構成された社会を「家職国家」と石井紫郎は表現している。(8)では、「役」が家ごとに応じて定まっていたのであれば、個人の能力は「家職国家」の中では問われることがなく、ただ家の「役」を果たしていればよいのだろうか。むろん、そうではない。能力主義といえるかもしれないが、個人の能力もその中では重視され、能力の高い者は評価された。しかし、それは、「役」を超えての務めを果たすことまではできない。「役」も「能力」もどちらが欠けても成立しないというバランスで、近世社会は成り立っていたと考えられる。

各人がその「家職」とか「役」にいそしめば、誰もが道徳的となり、有機体としての世の中はうまくいくと考えられた。このことは近世に力をもちはじめる町人が、市場経済の中で独自の利益の追求を図ることが、自分の「役」を果たすとともに、家のためとなり、これが道徳と一致する行動になった、と尾藤は述べている。のちの心学にも関わってくることだが、江戸期においては個々の「役」を果たすことにより社会が安定するという点で、一種の道徳的な平等が図られていたこととなる。それは個々人の勤労意欲と生活規律を支えることにもなる。つまり社会に対する個人としての役割や位置づけは、近世において大きく自覚されていたとみなすことができる。近代日本は、この個人の自覚の上に成立していったといえよう。

話はややそれるが、個人と近代の関係を紹介するときに、「立身出世」という言葉を用いることがある。福沢諭吉が『学問ノスヽメ』で説いたように、この言葉は、個人の発展が国家の発展につながるという意味をもち、近代明治期の文明開化の文脈の中で登場したと捉えがちである。しかし、すでに江戸期には、先述したような、個人と社会の関係を前提とした上でこの言葉が説かれている。渡辺浩は「人は常に立身出世を心がくべし」というのが『米穀売買出世車』などの記述にあることから、立身出世を図ることが自己目的に叶い、それが社会にも十分貢献するという認識、つまり、個人の経済追求と社会の道徳が、江戸期においてすでに一致していた、という点を指摘している。このことについて前田は、アメリカ合衆国の一〇〇ドル紙幣肖像画の大統領で、現在もアメリカ人の尊敬を受けているベンジャミン＝フランクリンが、プロテスタント的な考え方から節約・勤勉・節制などを説き、自己利益と倫理の一致をさせ合衆国を発展させていった原理と同じである、と見なしている。近代国家アメリカ合衆国が飛躍的に発展する要因となった思想と江戸期の日本に共通点があるということは、興味深い指摘である。(9)

さて、話は戻るが、「役」の体系の中で朱子学者はどのような存在だったのであろうか。結局、彼らも朱子学者としての「役」を担っているわけであるから、その家から出ることは不可能である。また、代々の学者の家というと、特別な家柄と見なされていたように思うかもしれないが、朱子学者全体への当時のイメージは、高い尊敬を受けていたというよりも、どちらかといえば物読みとして見られ、あまり尊ばれるような立場ではなかったようである。彼らは芸能者というくくりで扱われる存在であった。「者」という言葉は、儒者・芸者・医者などがあるが、当時では尊ばれる言葉としてはあまり使用していないようである。

つまり儒者は、本流の武士とは思われず、そもそもは統治に口を出せるような存在とは思われていないのである。江戸期は「武国」であるから、そういった意味では彼らの活動は、まさに役立たずという認識を受けていた。朱子学者自身は、自分たちこそが理想的な世の中を造っていく、そういう研究・実践・修養をやっているという強い自意識をもっている。にもかかわらず、社会的な認識はこのような低位置にある。そこに、葛藤を覚えたり、悲哀観を漂わせているのが、どうも江戸期の朱子学者の雰囲気であるらしい。

教科書では、政治に関与する新井白石などの朱子学者が登場する。また、将軍綱吉が儒学好きということなどから、漠然と朱子学者が常に高い地位を得ていたように思ってしまいがちだが、寛政の改革において松平定信が登用され、儒学的な立場をとったことなどから、朱子学がクローズアップされているわけである。江戸期全体の朱子学者の立場は、もう少し割り引いて考えておく必要があるだろう。

3　日本人としてのナショナル＝アイデンティティー

続いては、「日本人としてのナショナル＝アイデンティティー」という点について述べたい。この点も近代化に関わることなのだが、当時の人は、日本という存在をどの程度認識していたのであろうか。一般的には、ペリー来航による圧倒的な軍事力に直面し、このままでは日本が滅ぶと思うようになり、このとき初めて、自分は藩の中に存在しているだけではなく、国家、日本人としてのアイデンティティーをもつ存在だと認識するようになった、というふうに解釈していることが多いようである。しかし、このことはもう少し検討する余地があるのではないだろうか。

近世における個人の捉え方は、先ほど述べたとおり、「役」というものに自分の存在を意味づけていたといえる。では、「役」以外に自己の存在を意味づける帰属意識やアイデンティティーはなかったのだろうか。そのことを考える上で重要になるのは、元禄の頃からの大変な勢いによる貨幣経済・商品経済の進展である。貧富の差は激しくなり、商人の立場が強まり、武士の権威は失墜していく。そうした中、自分の「役」や、自分に対する考え方も変質していった。

武士であろうが町人であろうが、金を持っている者が成功者だ、との認識が社会に広まる。このことは、金が身分を超え、人々に機会の上での平等をもたらし、個人の努力により、成功や独立が十分可能となる社会を出現させることを意味する。このことを前田勉は「町人は「自己の運命の主人」である」、と表現しているが[10]、自分の人生を作っていくのは自己であるとの認識が、金により生み出されることになったのである。

自己の才覚・努力により身分を越えて人生を成功させるという自己認識は、十八世紀後半から発展していく蘭学と国学にも、強い影響を与えた。蘭学者は、自らを異端、アウトロー的な立場として捉える一方、他の者にはない自分の才知や知識が、国全体、国益のために役立つであろう、という自己認識をもつようになっていた。例えば、ユニークな活動をしていた平賀源内は、山師や奇人といったイメージで、当時の人々にもそのように思われていたようだが、源内の書状によれば、「山師と言われようとも、私のやっていることは国の利益につながるのだ」というような文が残っており、国を強く意識した上での自己認識が進んでいたかと思われる。

また、国学者についてのナショナル＝アイデンティティー像は、その思想の特性からいっても非常にわかりやすいといえるが、この考えが芽生えるのも、経済発展が大きく関わっている。「役」を律儀に勤めているにもかかわらず、借金等で自滅していく人々が多数出現する。思想的には儒教はそれを救うものではなく、宗教である仏教も没落を救うものではない。そのような状況下で、自らの存在はどう位置づけるべきか。そこに日本人というくくりが国学によって創造される。経済の海の中で漂う自分のアイデンティティーを支える、そういった役割が国学にはある。

さらに国学には、武士が統治のために使ったという面も存在する。経済発展の中で身分制度が揺らぐ兵営国家を再編するための思想として国学は用いられ、国学者の説く日本人意識を巧妙に利用しながら、人々に「統一意識」をもたらし、不満があまり生じないようにするために使われたのである。それが、後期の水戸学にも発展する。天皇権威を利用しつつ、まじめに暮らす人々の国内統合を図るための思想として国学が用いられることになったのである。このことを前田は、「不条理感に苦しむ律儀な人々のルサンチマンをカネに汚い夷狄への憎しみに転化することにより、尊王攘夷という考え方に発展していった」と表現する。尊王攘夷というと生徒は即、倒幕というふうに捉えがちであるが、武士の統治のために利用されていた、という点も留意させておく必要がある。

実際の授業の中で国学を扱うときには、さほど時間を充てられないと思うのだが、儒学の影響についてふれられる方もいるのではないだろうか。例えば筆者は、山崎闇斎の『中朝事実』を紹介するときに、日本こそが中国(中華)であるとの思想が形成されることにふれ、儒学者である彼の垂加神道と国学との関連性についてごく簡単な説明を加えることがある。この点に関し、儒学者の山崎闇斎が捉える神の観念と天皇と庶民の位置づけには吉田神道が大きく関与している、ということを簡単に紹介しておきたい。神と天皇と庶民の関係はどう位置づけられるのか。そもそも神話の時代から存在する神々の世界に、現実の人間が神として加わるようになるということが行われるのは、吉田神道や垂加神道から発生したようである。もちろんそれ以前にも、菅原道真などを神として祀るというような例はあった。しかし、それは御霊信仰から生まれる鎮撫のための神である。強い怨念をもったり災いをもたらすと思われる人物、いわば朝廷にも恐れられた有名人を神とするのではなく、普通の個人が神になる、神として祀られるようになる、ということが行われるのは、この時代からである。その神は幽神といわれ、闇斎自身も生前から幽神となった。普通の人が神になることにより、神々の世界は次のような構成となる。まず天照の直系である天皇やその系譜の神々が上位に存在する。そして、その末端に幽神が属す。神々の系譜に日本人の庶民が連なるという形である。末端とはいえ、神の世界に庶民が入り、その中心か上位に天皇の位置や存在がある。庶民と天皇と神の関係、それが闇斎の儒学、そして国学の中に定義されていくことになったのである。

また、山崎闇斎は国と儒者の関係については、次のような認識をもっていた。それは自らの国は孔子・孟子よりも重視すべき存在だ、との捉え方である。『先哲叢談』という逸話を前田は紹介している。あるとき、闇斎は門人に次のように問う。「孔子、孟子が大軍を率いてわが国に攻め来たったならば、おまえたちはどうするのだ」と。そして闇斎は次のような答えを示す。「もしそのような状況になれば、孔子、孟子をひっとらえて戦うのだ。儒学者も戦って、彼らをひっとらえよ。これが国恩に報ずることになる。これが孔孟の道なのだ」と。つまり、闇斎は孔孟の教えよりも国がなくなってしまえば元も子もないといっているのである。孔孟よりも国家を重要視することを江戸期の儒学者がすでに説いているという点で、大変興味深い逸話であろう。

4　江戸期の思想発達

次に紹介するのは、授業でも多く取り上げられる江戸期の思想の発達についてである。先述のとおり、日本の場合は清や朝鮮と違い、当初から儒学が国家統治のイデオロギーとはなっていないので、体制に害を与えること以外はどんなことを考えても、幕府は特に興味をもつことはない。江戸期には思想の統制というイメージを抱きがちだが、この時代の百花繚乱たる思想発達の背景はそこにある、ということを生徒にイメージさせれば理解がより進むのではないだろうか。

朱子学の考えで江戸期の体制を見ると、なぜ武士が日本を統治しているのか、という自己矛盾が吹き出してくる。武が統治するのは、朱子学の理想とする国ではない。その理論と現実の整合性に学者側も気づき、武士の統治についてはさまざまな説が登場することとなる。

このことについて、ここでは浅見絅斎・伊藤仁斎・荻生徂徠の三人を取り上げたい。まず浅見絅斎は、「将軍は天子のご名代として統治するものである。現在は少しおかしいのではないか」という疑問を、十七世紀の後半に抱く。将軍は天皇のもつ施政権を委ねられているという考え方、のちの大政委任論や尊王論につながる考え方がこの時期に登場している。次に伊藤仁斎は、「どんな統治にしても、仁政を行わない暴君であれば、これはもう放伐して構わない」と述べている。では、今の徳川の世の統治はどうなのか。これについてはさすがに恐ろしくて踏み込めないところなのだが、統治者の放伐は構わないのだという考えを述べていることは着目に値する。

そして荻生徂徠の役割もかなり重要である。彼の考えは、「朱子学には目指す聖人の道があるというが、結局そんなことは目指すべきものではない」というところから出発し、「修養しても聖人にはなれないのだから、儒学はいかに社会を統治する術《すべ》なのか、これを追究すべきものだ」という点にある。そして、武士の存在は、民を治める立場にあるのだから、君子として儒学をきちんと学ぶべきである、という考えをもっていた。徂徠は、今まで朱子学者が説いていた「先王の道」などというのは人為的なものである、理想ではあるかもしれないけれども、昔の優れたる聖人が統治のために作った方法であるという解釈をしている。

また、次の史料は、徂徠が吉宗に献上した有名な『政談』の一説である。

先第一、武家御城下に集り居は旅宿也、諸大名の家来も、其城下に居るを、江戸に対して在所とは雖も、是又己が知行所に非れば旅宿也、其子細は、衣食住を始め箸一本も買整ねばならぬ故旅宿也。

史料集などでもよく登場する部分だが、ここに書かれていることは「今の時代、城下町に住んでいることは、旅の途中にいて宿に泊まっているようなものである。よって、武士はお金がないと現在の社会では全く生きていけない」との内容であり、貨幣経済の進展を示したものとなっている。そして武士の窮乏化を防ぐためには、「武士は知行地に回帰しなければならない」との考えになる。これは近代的な経済発展には逆行するものとなる。荻生徂徠が江戸期の思想に与えた影響は、大変な大きさをもっているが、思想的には時代に逆行するところもあるという点が、彼の位置づけの難しいところかと思われる。

5　徂徠の読書法変革

荻生徂徠の読書法変革ということについて、興味深い点が前田勉の研究[11]にあるので、その紹介をしたい。徂徠は「会読」ということを積極的に勧めた。「会読」とは学問者同士の自由な討議を許す学習会のことである。先輩・後輩、また師匠の説を覆す発言であっても一向に構わない、どんどん自由討議をして真理を追究すべし、ということを徂徠自らが行い、「社中」という集団を結成した。この「会読」や「社中」は、近世の厳格な上下の身分的秩序の中では特異な空間であり、対等な立場で個人として才知を競い合うものと捉えることができる。

「社中」は、徂徠学の中だけではなく、十八世紀後半以降、至るところで結成され、蘭学、そして昌平坂学問所、藩校まで及ぶこととなった。寛政異学の禁の後でも、朱子学で「会読」が学習法として取り上げられるに至った。この理由は朱子学の説く「聖人学んで至るべし」に合致しているからである。しかし朱子学のこの考えは、先述したように徂徠の考えとは真っ向対立するものである。対立する思想の相手のやり方であっても、よいことはまねる。このことを考えると、朱子学者にしろ、徂徠にしろ、江戸期における、学びというものに対する探究心や誠実さの存在を、見て取れるのではないだろうか。

ただしこの「会読」の広まりは、身分秩序を重視する朱子学や、家職国家としての体制にとって、内部矛盾となったのではないだろうか。それは対等な立場を許すこととなり、家職を離れた個人としての自己認識を強めることになってしまうからである。江戸の後期は、身分を前提とせず、己の才知において個人と個人が討論するという状況が至るところにあった、ということになるだろう。

このことから連想されるのは、ペリー来航後、老中阿部正弘が諸大名に外交政策の転換を諮問し、そこから、大名が意見を言うようになり、幕府の基盤が弱まったという話である。この話は、私も授業で何度も生徒に伝えてきたのだが、これも一考を要するのではないだろうか。どうも、ペリー来航時に初めて幕府が諸大名に意見を聞いたわけでもないようであるし、「会読」のことからも、時代の雰囲気として、自由討議がすでに生まれていたことをふまえておかなければいけないと思う。

6　国学の発展

先述したが、国学の発展は、儒学や徂徠学の発展に影響を受けている。国学に関しては、例えば、賀茂真淵が古文、『万葉集』などを精力的に研究し、それが本居宣長を感激させ、『古事記』研究に向かわせるというエピソードもあるが、そもそも真淵の学問には、徂徠学の方法を援用したという点がある。そして徂徠学、古文辞学の出発点は、端的にいうと、朱子学への疑念、朱熹の解釈への疑問から生じたものである。

朱熹が、宋時代の言葉で孔孟の考えを解釈していることは、例えていうと、すでに色眼鏡がかかっている状態である。宋の時代と孔孟の時代とでは、漢字や言葉の意味が違うので、孔孟の考えに至るには、孔孟の時代の字義そのままで古典を理解しなければならない。まず孔孟の時代の字義を体得し、その上で、孔孟の原点に立ち向かうべきだ、との考えが徂徠の研究姿勢である。この姿勢が賀茂真淵にも影響を与え、彼の古文研究になったわけである。授業の中でこの点を紹介すると、儒学の実証主義が諸学問に影響を与えた一例になるのではないだろうか。

本居宣長も、真淵のこの姿勢に影響を受け、古代の言葉である『古事記』を明らかにすれば、「まごころ」「大和心」や「古の道」というのがわかってくる、と主張している。宣長の、古典や歌を通して「もののあはれを知る」という考えは有名だが、平安時代の『源氏物語』の世界と『古事記』の時代とは、当然時代が全く違い、言葉も変容している。しかし、そこを一緒くたにするので、矛盾や問題点が生じることとなる。宣長はそれらを統合しながら伝統を正しく受け継いでいる存在が、禁裏―御所、天皇であり、禁裏には日本の伝統が残っている、ということを主張する。よって、こちらも尊王論や、国学の思想に重要な影響を与えていることになる。

また、教科書では明和事件でおなじみの山県大弐について一言紹介すると、彼は当時の商業発展に否定的な視点をもち、徂徠学と同じように武士はやはり土着すべきであるという。しかし現実には、市場経済はどんどん進行している。そこで彼は古代に憧れ、古代こそが理想郷であり、天皇を聖人と見なす考えをもった。そして、当時の徳川の世については、東夷が禁裏を抑えて権力を簒奪している状態だ、と見なした。大弐は、かつて東夷を征伐した日本武尊を顕彰するための大きな石碑をいくつか造り、世に、今の時代がいかにおかしいのかということを明らかにしようとしたそうである。そこまでの行動をとれば、幕府としても看過できなかったのであろう。

7　洋学の発展

最後に洋学の発展についてふれておきたい。江戸期の洋学者は、自らを他者とは異なる存在と認識していた。彼らは自らを「家職や親子兄弟という血縁から離れた別物」であると自覚し、「役」や家を離れて、個人としての功名を求める姿勢を強くもっていた。そこには強烈な個人、家を離れた個人としての意識が目覚め、日本に貢献するという国民意識のようなものもあったようである。また、洋学は純粋に西洋の学問を研究するということではなく、朱子学にかなり影響されている面もある。というのは、洋学者は西洋に学んだ文明を、朱子学の範疇で解釈したからである。「物理」という言葉が、「もののことわり」という意味であるように、理を窮める、つまり「窮理」という認識の中で、洋学者は西洋の文明を捉えようとする。朱子学は、「理」=「ことわり」を探究することこそが学問である、との考えをもっているので、西洋の文明は、「科学」ではなく、朱子学のいう「窮理」に含まれる。その範疇から出発するのだが、洋学者が西洋の「窮理」を勉強していくと、「窮理」を学ぶ相手は「中華(中国)」ではなく、西洋にあると気づいてしまう。そして「中華」が「窮理」のモデルでもなく、理想郷でもないのだというようなことを、江戸後期にはいろいろな人が言うようになってくる。そのことが「中華」を相対的に見るようになった一つの要因であり、結果、中華離れを起こしていく要因ともなったのである。

そもそも「中華」は夷狄である清(女真族)によって制覇されているのだから、その矛盾を江戸時代の儒学者たちもどう捉えるべきかを考えていた。そこで洋学者が「中華」を相対化し、「中華」という言葉を使わないようになっていく。洋学者自身で、西土とか支那という名称を使うようになったのである。

また、江戸後期には、西洋の「窮理」が非常に緻密・精密であることに加え、西洋の国が民主的な統治をしはじめているという知識が入ってくる。何が民主的かを定義するのは難しいかもしれないが、とにかく、民の意見を取り入れた政治を行うという考え方が江戸期の日本にはすでに入っている。その考えを学ぶと、西洋は民を大切にする、人を愛する国であると見なされるようになる。これは当時においては危険思想になり得るのかもしれないが、民を大切にする西洋の統治と、キリスト教の説く隣人愛の考えと、実は朱子学で説く仁の考え方が合致しているのではないかということにつながる。西洋は、民の意見を取り入れる政治をとっている、これは儒学の理想ではないのだろうか。民のことを中心に考え、民のためになる政治を行う。これは日本でも、成し得ていないし、かつて憧れていた「中華」でも実現していない。よって、西洋の方が賢くて善なのでは、となる。アメリカの大統領は、堯・舜の禅譲に相当するものではないかという考えが、蘭学者の中で登場しはじめている。

このように、江戸の後期である十八世紀後半には、西洋の国や政治権力に対する研究が、国内ではかなり活発に行われていた。昌平坂学問所の古賀侗庵は、「欧州では古より賢者を選び、統治し安定した社会を作っている。」と述べているそうである。この「古《いにしえ》」が何を指すのか、ローマの古代国家を表しているのかどうかは不明なのだが、このような統治の紹介を当時にしているのである。

また渡辺崋山は、西洋には専制君主国、立憲君主国、共和国という政体の区別があるとの紹介もしている。そして、西洋は、国家から自立した諸個人が連携し、さまざまな自発的結社を作っている、との紹介もしている。これは国家の存在を前提とするが、国家に捉われないさまざまな探究心から生じる結社が存在する、との事例である。のちの明六社は、このような目的で結成されており、そうだとすると、江戸期にはすでにその知識があったということになる。西洋近代思想は文明開化からという固定化した考え方では、江戸期の近代性が理解できないこととなってしまう。

おわりに

最後のまとめとなるが、今回いくつか調べたことにより、自身の授業においては、朱子学をもう少し相対的に評価する必要性があるということがわかってきた。生徒は、朱子学が当初から江戸期のイデオロギーであったというような、かなり強いイメージをもっていると思われる。だが、幕府は設立当初から朱子学をそのように重要視したわけではない、朱子学は学問の一つであるのだ、という捉え方をさせる必要があると思われる。

また、授業における儒学・蘭学・国学についての説明では、単にそれぞれの学問の紹介で終わっていた感があるが、それらは互いにいろいろな影響をし合いながら、有機的に発展していたという特徴をもつことに留意しなければならない。この発展は、朱子学が正統学ではないところから出発したことを前提としているが、発展の大きな原動力には、貨幣経済の進展という要素が大きく関与している。貨幣経済による社会矛盾が多様な思想を発達させ、日本人という意識もどうやら生み出し、近代化の素地を生み出している。このことは、近代化が遅れた清や朝鮮と、日本との違いにもつながるのではないかと感じている。

経済史や今回紹介した思想史が個別にあるのではなく、政治史にも大きく関係し、日本の近代化の一つの原動力になっているのだという点を生徒に考えさせることができれば、より多面的理解を深めることが可能となるだろう。今回、そのようないくつかの視点を紹介させていただいたということで、この報告の結びとしたい。

(1) 尾藤正英『日本封建思想史研究―幕末体制の原理と朱子学的思惟―』(青木書店、一九六一年)。
(2) 丸山眞男『日本政治思想史研究』(東京大学出版会、一九五二年)。
(3) この指摘については、若尾政希「江戸儒学とは何だったのか」(『歴史と地理　日本史の研究』二五五号、二〇一五年十二月)の論考がある。
(4) 渡辺浩『日本政治思想史―十七～十九世紀―』(東京大学出版会、二〇一〇年)。
(5) 前田勉「儒学・国学・洋学」(『岩波講座日本歴史12　近世3』岩波書店、二〇一四年)。
(6) 前田勉『兵学と朱子学・蘭学・国学―近世日本思想史の構図―』(平凡社、二〇〇六年)。
(7) 尾藤正英『江戸時代とはなにか―日本史上の近世と近代―』(岩波書店、一九九二年)。
(8) 石井紫郎「近世の国政における「武家」と「武士」」(『日本思想大系27　近世武家思想』岩波書店、一九七四年)。
(9) 前注(6)前田書。
(10) 同右。
(11) 前田勉『江戸の読書会―会読の思想史―』(平凡社、二〇一二年)。

質疑応答のまとめ

＊《　》は発言の箇所を示す（適宜要約）。

はじめに

《新しい潮流からは少し前の時代の「戦後歴史学」といわれているような時代の環境の中で学んだものですから、近世には「貧困な農民」というイメージとか、近代に比べていかにも後れた、「封建」というイメージとかがつきまとっていました。そういう時代に育った者としては、今日の話を伺ってかなり変わってしまったんだなとびっくりしました。》

質疑応答の際に、ある質問者が述べた今回の講演に対する印象深い感想であったが、近年の日本近世史研究の進展をまさに集約した言葉だといえよう。

本研究大会では、高校教員三名による報告の後、高埜利彦氏・吉田伸之氏・牧原成征氏・谷本晃久氏の四名が講師として講演を行った。その後、これらの報告・講演に対する質疑応答があり、近世史研究と歴史教育の接続に関する問題提起がなされた。本稿ではこの質疑応答の中の、特に歴史教育に関わる内容をいくつかの論点に分けて整理、紹介したい。

1　経済史の理解と、よりどころにすべき資料

より個別・多様化する近世史研究に対して、現場の教員がよりどころとすべき書物・研究を教

えていただきたいという質問が寄せられた。

これに対して、牧原氏は《「これを読めばここに正しいものが書いてある」ということはなく、教科書といえども例外ではないので、互いに異なる学説や異なる捉え方をしているものを広く照らし合わせてみて、是々非々で一個一個吟味して、教材としてどのように使えるかを考えるしかない》とした上で次のように補足した。《確かに、現場の教員にとっては非常に困難な課題であることも承知しているので、そういうことも踏まえて自分なりの考えを持って今回の報告をさせていただいた。ただ、誰かが書いたものが全て矛盾なく、例えば近世の経済の展開を解き明かすことは今後もできないと思うが、それに向けて努力は続けたい》と。

2 「全体像」の理解に資する史料・実例を挙げる際の留意点

次に授業の際に「全体像」の理解に資する史料・実例を挙げる際の留意すべき点を教示してほしいという意見が寄せられた。すなわち、授業は本来できるだけ多様な事例を挙げながら展開すべきだが、実際には時間等の制約上、典型とされるものを取り上げて、全体像がそうであるかのように語ることが多くなるため、どうすればよいかということである。以下、四名の講師それぞれの見解を紹介する。

高埜氏の見解

高埜氏は、大きな問題だとした上で、研究者は色々な考え方や学説をいかにも客観的・実証的に裏づけているように見えるが、解釈や歴史イメージはそれぞれがバラバラといってもいいと思

う と述べ、生徒たちが個別に学ぶ材料を提示することも大切ではないか、という見解を示した。

その具体例として、江戸時代の天皇に対する幕府の認識についての二通りの研究者の解釈を紹介した。一つは、藤田覚氏の解釈である。(1)『禁中並公家諸法度』第一条に「天子諸芸能の事、第一御学問なり」とあるが、「学問」として学ぶのは「君主としての心得、帝王学を身につけるための書物」で、「幕府は、天皇を現実政治に直接関与する統治者ではないが、国家の君主と認識している」とする。これに対して、もう一つの本多慧子氏の解釈を挙げた。(2)すなわち、「朝廷儀式と朝議が滞りなく行われるために必須」だとするものの、「幕府が天皇を国家の君主と認識している」とは解釈していない、と。「天皇は国家の君主ではない」「王は将軍だ」という認識を幕末まで幕府は持っていた、と高埜氏自身も考えている。

高埜氏は本多氏の見解に賛意を示しつつ、次のように補強した。≪幕府は、天皇・朝廷をしっかりと掌握している。しかしながら、朝廷にはいくつもの役割があり、これらが十全に機能し、果たされなければ困ると幕府は考えている。公家は幕府に協力しなさいというのが、公家衆法度の持つ意味だと考える。天皇は朝廷という集団の頂点にいて、その中には堂上の公家が一三〇〜一四〇人、それから地下の官人が二千数百人ぐらいいる。その集団の頂点である天皇が恣意的なことをやりだすと、その組織は乱れる。そういうことをしたのが霊元天皇である。例を挙げると、花見の宴《うたげ》を催したときに天皇が深酔してしまったことがあった。天皇たる者、公の宴の場で酔ってはいけないのに酔ってしまった。このことを父の後水尾上皇から諫められた。さらに、一番やってはいけない、公家たちの階層序列を狂わせることをした。霊元天皇は、左大臣に近衛基熙がいながら、右大臣の一条兼輝を関白に任官した。つまり、自分の気に入った側近を上位の官位に充て、飛び越えをさせる「越官《おっかん》」をさせた。これが、江戸時代で唯一の越官の事例になる。霊元はこういう恣意的なことをした。霊元のこうした言動に危機感を持った父後水尾上皇が取り締まりのために、武家伝奏二人では目が行き届かないというので、議奏という役職を武家伝奏の下に新たに配置することになった。すなわち、幕府主体で監視をつけるというより、後水尾上皇が親心で、息子である霊元天皇が放埒なことをして朝廷の秩序を乱してしまうのではないかという心配から、議奏を設置したという経緯がある。》

高埜氏はこうした例を示し、《一つの出来事に多種多様な研究者たちの解釈があることに対して生徒たちに首をひねってもらった上で、一つは「学説や解釈は研究者のイメージで作られることがある」ということ、もう一つは「そのような学説の違いが、なぜ生じたのか」「教科書がどういうふうに書き替えられたのか」ということに留意することが重要だ》とした。

吉田氏の見解

吉田氏は、谷本氏が報告で使用した「アイヌとの交易」というキャプションのついた教科書の図に着目し、これが授業の実践でも非常に面白いテキストになるのではないかと指摘した。[3] その上で、当時の北蝦夷地との関係を示す山丹貿易の重要な史料であることなど「確定できること」と「仮説であること」を、それぞれテキストを通じて読み手に提示することが非常に大事なのではないかとした。

また、意見の中で「全体像の提示と個別的な史料・実例を素材化することとの関係」ということに対して全体史との関連を指摘し、歴史叙述の方法で「通史的な叙述」と対比的に全体史の叙述を説明した。政治史や外交史を中心とした通史叙述ではなく、自分の周辺の生活等をベースとした全体史を描くことの重要性について述べた。その上で、《都市として江戸を中心に描くのは、江戸の中に近世社会の全体が映されているというスタンスだから》と加えた。

また、先ほどの山丹交易の一枚の絵図が、《完全なフィクションではなく、一定の事実を前提にした絵図だということを考えた場合に、この背後にある当時の社会の全てがここに込められていると考え、その絵図分析からどこまで全体に迫ることができるのか、そうしたことに留意することが大事だ》とした。

牧原氏の見解

牧原氏は、全体像を提示することは歴史学にとって根本的な問題だと考えている、とした上で、教科書や通史のシリーズに図版・史料・事例をどう選び、どう載せるかということ自体が執筆者に常に問われていることだ、とした。

さらに、以下のように述べた。《教科書編集は、過去の教科書叙述の例があって、それを踏襲しつつ、新しくなった部分を直していくということが行われてきていると思うが、全く新たに歴史書を書く場合に、何を書くか、何から書き始めるか、どういう事実を入れて、どういう事実を書かないのかということ全てが歴史叙述の根本的な問題で、それは授業と多分それほど変わらない。》

《古代史や中世史は比較的事例が少ないので、荘園といえばこの荘園の絵図というように数が限られているかもしれない。それに対して、近世のある時期以降は、史料は無尽蔵といっていいほどあるため、どこのどの例を出すかによって、その提示するイメージというのは、かなりずれてくる。それが講演でふれたような近世の社会経済像のある種の分裂、とりとめのなさにつながっている。それに対して、どのような歴史像を描くことができるのかを考えるのが研究者の役割だと考えている》と近世史研究の史料の豊富さとその反面で全体像を描くことの難しさを指摘した。

その上で、次のように留意点を加えた。《「どの局面で、どのようにして作られた史料か」ということを、根本的に考えてみるということに尽きる。だから、ある史料が描き出しているのは、歴史のある局面であり、それがどういった局面であるかは、常にその外側に広がるものへの想像力と含めて、考えておかなければいけない。ある史料やある絵図はある断片しか示さないが、その背後に広がる社会のどの部分を、どういう意図でどういうふうに照らし出している史料なのかを考えて使う、ということに留意することが大事。その史料が残されている理由も含めて、そういう認識を深めることは大変重要だ》とした。

谷本氏の見解

谷本氏は、史料・事例の挙げ方の問題について、歴史叙述に関わる者は、おそらく皆直面していることだとした上で、例として教材選定や、現在自身が携わっている博物館展示を挙げた。そして、《博物館では何を展示し、どのようなキャプションをつけるのか。それから、一般書を書くときや研究論文を書くときにはどういう史料を引用し、どういう事例を取り上げるのか。これは、相当にセンシティブかつ本質的な問題で、正解はない》と述べた。

その上で、どのように事例を挙げるべきかを付け加えた。≪研究論文や一般書であれば、それぞれの想定読者がいる。展示でも、子ども向けの展示なのか、あるいは一般向けの展示なのかが意識されるだろう。一般的な展示では、大体小学校五年生以上が分かるようにということが求められる。高等学校の現場でも、生徒たちにどういう事例や史料を提示するかというのは難しい問題である。全ての事例を取り上げることはできないから、ティピカルな事例や史料を挙げることになる。そのときに自覚しておかなければいけないのは、おそらく「全てに例外がある」ということだ。例えば、「四つの口」も、最初から自明のものであったわけではない。結果から原因を語るのは、一種のあやうさを伴う。だから、ある資料やある例を選ぶことで説明の対象から外れてしまう歴史事象があるということを自覚し、自覚した上で提示することが重要ではないか≫と指摘した。

最後に「慶安御触書」の問題にふれ、次のように締めくくった。≪「慶安御触書」は実際には慶安には出ていなかった。これは研究が進んでいく中で、旧説が改められ、教科書の叙述にも反映されたという一例だ。我々研究者もその研究動向・研究潮流というものに常に接しながら研究活動を続けていく。先生方も教材研究をもとに史料や例を選んでいく。お互いにそのような努力が求められているのだと思う。≫

3　アクティブ・ラーニングについて

次回の学習指導要領改訂で目玉となることが予想されるアクティブ・ラーニングに対する提言を希望する声も寄せられた。これに対して、高埜氏は多くの先生方を悩ませている大変な問題だとした上で、次のように述べた。

高埜氏の見解

《文科省が色々なことを今試みようとしている。「歴史総合」については、従来の「日本史A」と「世界史A」を、いわば合体・総合化させたような授業を考えているようで、学習指導要領が間もなく示される段階まで来ているようだ。これに基づいて教科書を作っていくという作業が、続いて行われる。今編集を手伝っている山川出版社の『日本史A』（二〇一三年文部科学省検定済）だと、大体、江戸時代の寛政ぐらいから明治維新に入り近代に入るという形だが、もう少し前から対象にする可能性もある。今のところは状況を待つしかない段階だ。

それから、アクティブ・ラーニングの実践例。講演の冒頭で少し話したように、アクティブ・ラーニングというのは、授業の方法をめぐって、「こういうやり方で、生徒諸君が自分の力でものを発見し考えて、そして解答を作っていく」というものである。従来型の講義形式で、私ども教師が生徒に情報を一方的に伝えるということではない。生徒に、色々な教材を提供しながら、自分で考えさせる。

様々なところで実践例の試みがなされているが、簡単ではない気がする。例えば「生類憐みの令はなぜ出されたのか」というようなことを教科書叙述から考えさせる。小さいグループをいくつも作って、それで考えさせるという取り組みを、茨城県の牛久高校の岡部先生がつい最近出された『歴史と地理　日本史の研究』の中で報告している[4]。

「それ以外にこういうことも考えたら面白い」という例として、『詳説日本史B』（山川出版社、二〇一二年文部科学省検定済)で、歴史へのアプローチ「歴史の説明　朝鮮通信使」という箇所がある。なぜ、朝鮮通信使がもたらされたのか。講演で説明した通り(明清交替の影響で朝鮮が清からの圧力を受けた)だが、従来にはなかった考え方だ。つまり、これまで朝鮮通信使が派遣された理由は日本側からの説明だけだったといってもいい。これを朝鮮側から説明するとどうなるか。東アジア全体の動向を視野に入れて、総合的に考えていく。これで一回の授業が成り立つぐらいのアクティブ・ラーニングの素材になる。そういう材料を提供したつもりだ。》

高埜氏は、報告内容にアクティブ・ラーニングにつながる素材が多くあった國岡氏にコメントを求めた。

國岡氏の見解

國岡氏は高校教員の立場から次のように述べた。

《近衛基熙と霊元上皇が、朝廷や摂関家のあり方をそれぞれどのように捉えているかをうかがえる史料に注目している。霊元が近衛を「私曲邪佞の悪臣」[5]と評す一方、近衛は「朝廷の御為の事は勿論、大樹様(=将軍)の御為」という立場をとっていること[6]から、一義的に捉えられがちな朝廷内にも、幕府との関係性や朝廷の運営について、同時期に全く相異なる考え方があることが分かる。そして、このような天皇(上皇)と関白の関係性を生徒に提示し、史料を対比させて考察させることができる》と提案した。《史料を生徒に提示するときに、原文そのままでいくのか、教科書と同じように書き下すのか、口語訳するのかについては生徒の学力を踏まえる必要がある》と留意点を加えた。

それから、生徒が史料そのものを読解するのは難しい側面もあるため、研究者がまとめた資料を読むという方法もあると提案した上で、次のように述べた。《豊臣政権・徳川政権、時々の政権の朝廷・公家に対する政策の違いについて、例えば三公という上位の官職にどういった人たちが就いているのか。その変遷を追っていくと、一目瞭然で天正期~文禄期には武士が多かったものが、少しずつ整理され、慶長期には公家が増え、本来の三公に戻る流れがあることがわかる。これは、政権の朝廷・公家政策を反映したものと読み取ることができる。公家衆法度・禁中並公家諸法度を、条文からだけではなくて、生徒の読み取りやすい資料も混ぜながら、総合的に考えていくと、政権の朝廷政策をより明確に捉えることができると思う》と。

次に新科目「歴史総合」に関して、今からどのような準備ができるかという質問に対して、國岡氏は次のように述べた。《歴史学を学んできた者としては、もう一度原点に戻ったほうがいいのではないかと考える。歴史学のあり方と、その作法がまとめられた遅塚忠躬氏の『史学概論』[7]をもう一度読み返して、「そもそも歴史学とは、どういうものなのか」ということを考えたい。さらに、学問と教育の有機的連関をテーマとした遠山茂樹氏の『歴史学から歴史教育へ』[8]から、過去に議論されてきたことを、もう一度自分の中で整理をしながら、授業の方法論のみに傾斜することなく、このアクティブ・ラーニングという潮流と向き合っていく必要がある。》

おわりに

質疑応答の内容は、大きく分けて二つであった。一つはいわゆる「アクティブ・ラーニング」や「歴史総合」といった昨今の教育改革に付随する問題。もう一つは「歴史研究を歴史教育にどう反映させるのか」という従来続いている問題である。

前者については、この議論がなされた時点では未確定の事項も多く[9]、抽象的で理論的な話もあったが、具体的な話としては、前節に記したように、生類憐みの令や朝鮮通信使の新たな解釈、史資料の活用といったことが提言された。いずれにしても、本格的に導入される際には、今まで以上に教員側の力量が問われることは間違いないだろう。

後者については、教員側が歴史研究の進展に常にアンテナを張っていることが重要である。とはいえ、多様化する近世史研究の全体像を把握することは一教員には困難なことであるので、高校教員同士、または研究者も交えた研究会の重要性は今以上に高まるのではないだろうか。

なお、私事で恐縮ではあるが、筆者は一九九〇年代後半から二〇〇〇年代初頭に生徒として歴史の授業を受けていた。そのときの江戸時代の分野については「はじめに」で紹介したある質問者の感想のような枠組みの授業(「貧困な農民」「封建」というイメージで語られる)であったと記憶している。質問者が七〇年代頃に大学生であったということなので、同世代の方が大学を出た後三〇年程教壇に立っていたとすれば計算が合う(中学校の先生は五〇代後半の退職間際の先生であったと記憶している。ちなみに、高校の授業は進度の都合上、江戸時代を相当圧縮していた)。

教育現場の環境が時代によって刻々と変化していくのと同様に、歴史研究も日進月歩で変化している。学生時代に学んだことが教員生活の礎となるべきことは言うまでもないが、たえず研鑽を積み新しい研究動向をつかむことの重要性を自戒の念を込めつつ指摘したい。

(1)藤田覚『天皇の歴史06　江戸時代の天皇』(講談社、二〇一一年)一七～一八頁。
(2)本多慧子「後水尾天皇の禁中御学問講」(『書陵部紀要』第二九号、一九七七年)。
(3)「北蝦夷地絵図」(東京大学史料編纂所所蔵、『日本史B』〈実教出版、二〇一三年文部科学省検定済〉一九七頁)。
(4)岡部真二「日本史Bにおけるアクティブラーニング型授業実践の試み」(『歴史と地理　日本史の研究』二五三号、二〇一六年)。
(5)「霊元上皇御祈願文」(下御霊神社所蔵)。本書二〇頁、一五一～一五二頁参照。
(6)『伊達家文書』延宝六年(一六七八)近衛基熙口上覚書写。本書一五三頁参照。
(7)遅塚忠躬『史学概論』(東京大学出版会、二〇一〇年)。
(8)遠山茂樹『歴史学から歴史教育へ』(岩崎書店、一九八〇年)。
(9)二〇一七年三月公示の小中学校の学習指導要領には、「アクティブ・ラーニング」ということばはなく、「主体的・対話的で深い学び」という表現が使われている。また、アクティブラーニングの理論・実践については、溝上慎一監修『アクティブラーニング・シリーズ』(全七巻、東信堂、二〇一六年)が参考になる(高等学校については、第四・五巻で特集されている)。

(見山　智宣)

編　者

高埜利彦

執筆者

高埜利彦　たかのとしひこ（学習院大学教授）

吉田伸之　よしだのぶゆき（東京大学名誉教授）

牧原成征　まきはらしげゆき（東京大学准教授）

谷本晃久　たにもとあきひさ（北海道大学准教授）

國岡　健　くにおかたけし（北海道恵庭南高等学校教諭）

幡本将典　はたもとまさのり（市立札幌大通高等学校教諭）

川浪範洋　かわなみのりひろ（北海道札幌月寒高等学校教諭）

見山智宣　みやまとものり（札幌日本大学高等学校教諭）

日本近世史研究《にほんきんせいしけんきゅう》と歴史教育《れきしきょういく》

2018年３月20日　第１版第１刷印刷　　2018年３月30日　第１版第１刷発行

編　者　高埜《たかの》　利彦《としひこ》

発行者　野澤　伸平

発行所　株式会社　山川出版社
〒101-0047　東京都千代田区内神田1-13-13
電話　03(3293)8131(営業)　03(3293)8135(編集)
https://www.yamakawa.co.jp/　　振替　00120-9-43993

印刷所　株式会社　太平印刷社

製本所　株式会社　ブロケード

装　幀　菊地信義

　ISBN978-4-634-59104-2